JN079973

事例で読み解く

住まいを
年金化する方法

日本のリバースモーゲージ

倉田 剛

NPO法人リバースモーゲージ推進機構

The Pension of Housing

Reverse Mortgages in Japan

晃洋書房

目　　次

序　章　老後の経済的自立を探る

　本書のタイトルである「住まいの年金化¹⁾」とは、老後の住まいと暮らしの
セーフティネットとも期待すべき個々人の取り組みであり、"健康で文化的か
つ快適な老後"を担保する試みを指している。

　現在の「住まい」が持家ならば、その家に、終身、住み続けながら、住まい
を「現金化」する試みであって、借金や売却とはまったく違う取り組みである。

　また、本書で取り上げているリバースモーゲージも、広義で括れば「住まい
の年金化」の1つといえる。リバースモーゲージは、ローンではあるが、自己
資産の流動化スキーム、あるいは解凍スキームと理解するならば、やはり住ま
いを年金化する仕組みだからである。とはいえ、本書のテーマともなる「住ま
いの年金化」は、リバースモーゲージとは明確に一線を画した不動産利活用型
持家年金化プランとも称すべき取り組みである。

　そもそも住まいを現金化（年金化）する試みは、かつての日本には必要な
かった。また、そうした概念もスキームも必要なかった。なぜならば、比較的
最近までは世帯の規模も安定的であり、次世代の同居は当たり前のことであっ
たからである。しかし、近年、日本人はすっかり長生きになった。平均寿命も、
この勢いならば間もなく90代に届くはずであり、百歳社会も現実的となって
くる。最近は70代も働く世代として制度的にも取り込まれつつあるが、それ
は社会保障制度の財源枯渇を懸念する政策的な目論見からである。現実は、80
代から要支援介護状態に入る世帯数が着実に増えてきているし、車の運転免許
を自主返納する高齢者数も年々増えている。

　こうした現実と対峙するとき、長い老後の自立生活に備えた個々人の自助自
立的な試みが当たり前に必要となる社会に変貌してきていることを、我々は明

　1）「住まいの年金化」はNPO法人リバースモーゲージ推進機構の登録商標である。

確に認識しなければならない。最近の高齢者像とすれば、平均寿命の延伸とともに元気な高齢者が増えていると聞く。しかし、一方で平均寿命と健康寿命との年数的ズレが拡大傾向にある点も憂慮すべき問題である。世帯規模が縮小してきて、老々介護・病々介護・認々介護の世帯が着実に増えているからである。

　高齢者を対象にした最近の生活意識調査によると、老後の生活不安の第一位が「経済的な不安」、次いで「健康面の不安」、そして「介護の不安」と並ぶ。老後の生活費として期待される公的年金の実質的増額は期待できない。並行的に医療介護の本人負担額も増えているからである。

　さて、我々はこれから一体どうしたらいいのだろう。

　現役時代の収入の大半をつぎ込んだ住宅も、子どもたちは積極的に相続したがらない世相に変わってきている。老親の住んでいる家についても、リバースモーゲージを利用しながら老後を自立して欲しいと望む子どもたちは4人に3人の割合とする調査結果もある。また親の方にも、住まいを、相続財産とはしないで、老後の生活資金の原資とする仕組みのリバースモーゲージに期待する声は次第に高まってきている。

　欧米社会では、古くから老後の経済的自立策として、住まいを活用した自助的な不動産取引が行われてきた。海外の代表的な住まいの年金化プランとすると、アメリカでは家族内ローンやセール・リースバック契約などが挙げられ、フランスでは伝統的な自己年金制度ビアジェがよく知られている。こうした海外の持家を老後の生活資金に転換する仕組みの不動産取引は、長命で持家率が高い日本人にも、住まいの自己年金化モデルとしても検討に値するものといえる。

　最近、日本の金融機関もオリジナルなリバースモーゲージ商品を次々に開発し販売している。

　しかし遺憾な点だが、その大半が持家高齢者向け不動産担保ローンのたぐいであり、人口減少や高齢社会の日本では、都市圏を除けば、画餅と化している。そもそもリバースモーゲージが広く普及するためには、まず右肩上がりの不動産市場に裏付けされた堅固な住宅需要と、アメリカにみるような政府系債務保証保険などの制度基盤が必要とされる。翻って日本を俯瞰するとき、堅固な住宅需要、とりわけ中古住宅に対する需要が脆弱であり、また政府系の保証保険

など存在しない。日本のリバースモーゲージの場合は、そのリスクテイカーといえば片務的に利用者である持家高齢者であって、優越的地位に立つ融資側は何らのリスクも取らない仕組みである。

　だからといって、こうした片務的で不合理な実態に落胆するあまり、リバースモーゲージの本義的な居住福祉機能まで諦めてしまうのは早計である。ここでいう居住福祉機能とは、自分の住まいにそのまま終身住み続けながら、その住まいの経済的価値を現金化する（借り出す）、さらにその返済は死後一括方式といった仕組みを指している。

　リバースモーゲージの、老後の住まいと暮らしを同軸的に支える仕組みは他に類を見ない特徴となるだけに安易に諦めがたい。我々は、日本の風土や生活文化にも馴染みのいい「ジャパニーズ・リバースモーゲージ」の研究開発に取り組まなければならない。

　そうした試みの最初のステップとなるのは、まず日本の“短命で割高な住宅”にコスト・パフォーマンスの視線を当てることである。ハード面では循環性に富んだ住宅モデルの開発、ソフト面では硬直的な住宅市場に流動性を付与させる新しい契約モデルの開発が課題となるだろう。

　繰り返しになるが、日本のリバースモーゲージは精々都市部で利用できるだけであり、地方に至っては公的リバースモーゲージの窓口を担う社会福祉協議会（社協）でさえも消極的な姿勢が露わである。

　こうした実態を憂慮した NPO 法人リバースモーゲージ推進機構は、2012（平成 24）年から、持家高齢者個々人が住宅を収益化させるプログラム「民間制度リバースモーゲージ」の研究開発に取り組んでいる。「民間制度リバースモーゲージ」とは、高齢期の住まいを地域ニーズに適応させた不動産利活用で収益化させるスキームの総称であり、老後の経済的自立を支える「住まいの年金化」モデルである。

　本書は、2 部構成でまとめている。

　第 I 部の「住まいと暮らしと家族」では、ヒトとイエとカネの三者の相関性に焦点を当てている。事例を取り上げながら、具体的な解明と検証を試みている。なお、本書の「事例」の中の人名は、すべて仮名を使っている。

　第Ⅱ部の「日本のリバースモーゲージ」では、長命化するヒト、短命なイエ、老後のカネの不安と、この異種異形の要素で構成した「住まいの年金化」システムの必要性と現状の問題点や課題、将来性などについて論考している。

　第1章では、住まい（イエ）とそこに居住する家族（ヒト）とが織りなす相関性に焦点を当てている。ヒトの平均寿命とイエの耐用年数とのギャップ、ヒトの所得とイエの経済的価値との相関性、ヒトの居住とイエの権利との相関性、ヒトの年齢とイエの立地条件との相関性等々について、事例を挙げて俯瞰する。ヒトからヒトにつなぐ世代間の継承性（相続）が、イエを一代限りの仮住まいに終わらせるのか、あるいは数代に及ぶ家とするのか、その分水嶺となっている。言い換えるならば、イエを一代限りの生活のハコと考えるのか、はたまた次世代につなげる相続財産としたいのか、その方向性と資産性について、改めて検討してほしい。著者の知る限りでは、イエの住み手は長くても三代限りで変わっているケースが少なくない。平均寿命が90代に届く頃は、イエに、単独で、自立して住み続けることは難しくなっているはず。ヒトは高齢化とともに、個住、集住、共住、協住と、居住の形態も変遷させていくことになる。

　人生100年時代ともなれば、ヒトの住み替え（移住）に伴うイエ（持家）の維持管理や処分などは想定しておかなければなるまい。本書に取り上げている事例を読み解きながら、ヒトとイエの関係についても、新しい視点を持ってほしい。この点も本書の目的の1つとなっている。

　第2章では、住み続けながら、現金収入（カネ）も得られる住まい（イエ）のデザインについて、典型的な事例を挙げている。本章で取り上げているイエは、居住と収益のハイブリッドな性能を併せ備えたイエであり、現金収入が途絶える高齢期の経済的自立を支える、すなわち「居住福祉を紡ぐ家」である。リバースモーゲージは、住み続けながら、住まいを担保にした生活資金ローンであるから、本章で取り上げている「住まいの年金化」とは厳密にいえば異質の仕組みである。さらに踏み込めば、第6章で取り上げているリバースモーゲージの場合は、持家に一定水準以上の担保評価を要件としていることから地価の低い地方の持家高齢者世帯は利用できない。土地の価格が低い地域であっても、イエの利活用など収益性を講じて老後の住まいと暮らしを護る様々な事例から、地域風土と建物条件との組み立てや、ローンではない自助・自衛的な自己年金

プランとも評すべき取り組みを読み解いてほしい。

　第3章では、住まい（イエ）と住み手（ヒト）と家計（カネ）の関係について、そのコスト・パフォーマンス（コスパ）に視線を当てている。日本の平均的な住宅の寿命は40年程度がほぼ常識化されていて、途中で大規模な修理修繕が施されることもなく、取り壊しては新築する。その"スクラップ＆ビルド"のコスパを海外と比較すると唖然とするし、到底納得できないものがある。北米で時々目にする光景だが、既存住宅が基礎から切り離されてトレーラーの荷台に乗せられる。そのまま別の街に運ばれて再び誰かの住まいとして使われていく。あるいはガッティング（Gutting）と言われている工法だが、軸組だけに剥かれた既存住宅が、新たに内装外装が施されて蘇生する現場は見慣れた光景である。近頃は日本でも時々見掛けるが、まだまだ少ない。

　アメリカの金融機関を訪ねたとき融資担当者から聞いた話だが、彼らは既存住宅の評価は、築後年数ではなくて、リペアしたら使えるかどうかを基準にしている。そもそも彼らは中古住宅（used house）という言葉を使わないで、既存住宅（existed house）と言っている。この点は、英語と日本語の言語の違いからではなくて、住宅資産観や住宅市場の構造的な成り立ちに起因している。この辺の事情に触れるのは紙幅の都合で次の機会に譲るが、本書では人生最大の買い物となるイエのサスティナビリティに焦点を当てている。イエのコスパとサスティナビリティとの連関性にも関心の目を向けてほしい。

　また本章では、日本人の伝統的な住宅観に一石を投じている。斬新な、いやむしろ非常識とも言われそうな視角から、建築構法とコストについても提言を試みている。雑駁な印象となるが、イエを購入する際の気構えを欧米社会のそれと比較するとき、日本人の場合はあたかもピアノを購入するかのような安直さが気になるときがある。一度は購入したイエであっても、いつかまた売却しなければならないときもあるかもしれない、そんな事態を想定していないからかもしれない。はたまた住んでいたイエを売却するとなると、建物はタダ同然と諦観しているからなのだろうか。それならば、いっそ建物のコスパを合理的なものに組み立ててみたい。コスパが適正ならば、住まいの資産性は保全される、合理的な価格で取引される、リバースモーゲージを利用する際にも住宅ローンの残債などあろうはずがない。

　また返済能力を問わない新しいタイプの住宅ローン「リ・バース60」も取り上げている。「リ・バース60」は、人生100年時代の長い老後に備えた住宅需要にも対応できるシニア層向けの仕組みであり、具体的な検討に資するために、三島信用金庫（静岡県）の「リ・バース60」の概要を掲載した。

　これまでの一般常識として、住宅資金需要に対応する住宅ローンの利用には返済原資となる収入が必要条件となっている。したがって退職後に住宅ローンを利用することは難しかった。ところが最近、住宅金融支援機構の融資保証保険が付いた「リ・バース60」が、「60歳からの住宅ローン」として発売されて普及する兆しも見えている。日本人の平均寿命はすでに80代後半にまで届き、さらに延伸する傾向にある。長い老後に適応した住まいの準備は怠れない。「リ・バース60」の保証人が要らないノンリコース型が人気を博して、今後も利用件数は伸びていくに違いない。

　80代後半の頃には、リバースモーゲージとの連携、接続も視野に入るとなれば、老後の住まいと暮らしが並行的にサポートされる安心感が持てる。「リ・バース60」の場合は、ローンは借金といった固定観念を覆して、老後のQOL向上のスキームとして検討する価値がある。例えば、高齢期の生活リスクの1つに、家のなかでの転倒事故、それも階段昇降時の事故が多い。家庭用エレベーターを後付けする工事費を、「リ・バース60」で調達する取り組み（事例）を紹介している。

　第Ⅱ部では、「住まいの年金化」の取り組み全般について概説する。

　第4章では、持家資産の転換システムとしてリバースモーゲージを取り上げて、その居住福祉的効用について概説している。リバースモーゲージのバリエーションについても、多角的な視角から正負の作用を分析している。またリバースモーゲージを、借金と考えるか、あるいは住まいの年金化だと理解するか。日本は、社会経済の変化や人々のライフスタイルの多様化等々、目ぐるましく変貌を続けている。なかでも注視すべき変化は日本人の長命化である。リバースモーゲージは、その経済分析や保険機能について多くの研究成果が報告されている。その重要性について何らの異論はないが、それ以上に問題意識を以って研究されるべき点はヒトの変化であろう。

持家は時間の経過とともに老朽化する。さりとて空き家のままでは持家の負担から逃れられない。そうなると持家は、資産ではなくて負債に転じてしまう。ならばリバースモーゲージの仕組みを利用して、老朽家屋をいくばくかでも現金化する、空き家も残さない、この固定資産消費の効果を改めて検討してみよう。[2]

リバースモーゲージは、持家を老後の生活資金に流動化させるローンであり、その機能は刮目すべきものがあるのだが、自宅を形にして生活費を借金するローンであると卑下する日本人の生活意識が隘路となって利用件数は少ないままきた。しかし、最近は中高年層の関心が急速に高まってきている気配を感じている。その遠因として、子どもの実家の相続志向が低下している傾向や長期化する老後を子どもの負担にしたくない親心などが調査資料からも読み取れる。本章ではリバースモーゲージの仕組みと利用者側との条件的な適合性について解説している。

第5章では、自助的な不動産取引（契約）について、老後の「住まいと暮らし」の同軸的セーフティネットともいうべき視点から考察し、またそのバリエーションを紹介する。この民間サイドのプライベート取引は、「住まいの年金化」の試みであり、NPO法人リバースモーゲージ推進機構[3]（東京都台東区）が独自に構想した契約モデルである。現在、当機構はその普及に向けた啓蒙活動を全国で展開している。

第6章では、日本で最初の生活福祉資金貸付制度として、リバースモーゲージを扱った武蔵野市の取り組みの顛末を紹介している。欧米社会では社会保障制度の補完的な位置付けで普及しているリバースモーゲージではあるが、日本では相変わらず普及できないままである。その背景には、一朝一夕では到底解決の目処も立たない重大な、しかし放置できない課題が潜在している。本書の目的の1つでもあるのだが、居住用資産である住まい（イエ）の価値効用について、そのサスティナビリティから、そのコスパから俯瞰する視点が必要だと説いている。

2）中田裕子「リバースモーゲージ」第4章第2節、樋口範雄・関ふ佐子編『高齢者法
　　——長寿社会の法の基礎』東京大学出版会、2019年。

3）本書巻末資料参照。

　また日本の公的リバースモーゲージとなる厚生労働省の不動産担保型生活資金貸付の検討すべき課題、金融機関のリバースモーゲージ商品の紹介、そして次世代のリバースモーゲージとなる信託型についても触れている。

　第7章では、海外の老婦人たちの「住まいの年金化」を取り上げた。ハワイ州ホノルル市内のコンドミニアムに住む日本女性は、アメリカの公的リバースモーゲージ（HECM）を使って日本の不動産投資を清算できた。彼女の日米両国にまたがるハイブリッドな暮らし向きや、その不動産観から学ぶべき点は少なくない。

　またフランス人は、伝統的な個人間の不動産売買契約（ビアジェ）によって、長年住み続けてきた住まいの売却代金を年金代わりに受け取りながら終身居住も保証されている。本章では、欧米社会のシニアたちが、ハウス・リッチ、キャッシュ・プアな老後を、住まいで稼ぎ、自立しながら逞しく生きるライフスタイルを紹介している。

　終章では、人生100年時代ともいわれるほど老後が長くなりつつある現在、ヒトとイエの寿命のギャップ、ヒトの健康寿命と平均寿命のギャップ、新築と中古の住宅価格のギャップ等々「時間」がこれまでの日本人の暮らしや法制度に歪みや不安をもたらしていると警告している。

　　今日、私たちは、いかなる社会的、文化的時代を生きているのだろう。
　　それは個人の経験の形成に、どのように作用しているのだろうか。
　　私たちの時代の時間に、何が起きているのだろうか。
　　　　　　　　　　　　　　　　　　　　　ホフマン、エヴァ　『時間』

第Ⅰ部　住まいと暮らしと家族

ヒトとイエとカネ、この不揃いで不経済な関係

第1章　事例　老後の「住まいと暮らし」百景

1　事例　夫婦が逝くと家屋敷も消える

　山口夫妻は、爪に火を灯すように倹約を重ねながら、銀行からの借入れを一日でも早く返済しようと休みなく働いた。2人は、幸いなことに、大きな病気にもならずに長生きできた。しかし、その夫妻の最期は、自宅ではなくて、別々の場所で、お互いの死に目に合うことも叶わず別々に亡くなった。夫妻が亡くなった後の家屋敷や財産は、2人の遺志が忖度されることもないまま雲散霧散した。長生きすることは、哀しいことになるのかもしれない。

　山口夫妻のケースは、暗澹とさせられる事例である。しかし、これから先も続く長命化と少子化によって、同じような事情の夫婦が増えていくはずである。

　著者が、山口夫妻と初めてお会いしたときは、主人は75歳、心臓病はあったようだが他に格別の疾患もなく、年齢相応に元気な様子であった。山口さんは、地元の工業高校を卒業してすぐに近くの建築会社に就職した。同じ会社で働いていた5歳年下の奥さんと職場結婚をした。その後、会社を円満退社し建築請負業者として独立した。奥さんも主人と二人三脚で働いた。自宅と作業場の他に、近所の土地も買い増すことができた。山口夫妻は、仕事一点張りで、2人揃って旅行などに出掛ける機会は少なかった。山口夫妻には子どもはいない。近くに住んでいる親戚や友人からも、2人の老後を心配して、早くから養子縁組を勧められていた。著者も、主人から、誰か養子になってくれる若者を紹介してほしいと頼まれた記憶がある。そうした話題のときは、奥さんがいつも最期に口にする言葉は、「年取って2人だけになったら、夫婦で老人ホームに入るしかないよ」であった。

　しかし奥さんが80代後半に入ったころから、軽い記憶障害が始まり、生活

動作にも時々問題行動が見えてきた。本人も不安になり、近くの総合病院の心療内科で検査を受けた結果、初期の認知症（アルツハイマー）と診断された。それから 1 年もしないうちにアルツハイマーの症状が進行して、夫妻だけで自立生活を続けることが難しくなっていった。

　2008 年の秋、千葉市の介護保険課に、「最近、山口さんの姿が見えない。車もあるし、旅行に出掛けた様子もない。雨戸も閉まったままで心配だから、山口さんの家を訪問してほしい」と、近所の方から電話が入った。通報を受けた介護保険課の職員は、直ちに山口家を訪問して、夫妻と面談することができた。その際、著者の名前が山口夫妻の話の中に頻繁に出てきたらしく、後になって、職員から、そのときの 2 人の様子や家の中の状態を聞くことができた。

　職員は、最初に山口家の中に入って、まず異様な悪臭に気付き、入浴しない日が続いている、台所の様子から日々の食事がきちんと摂れていない、またガスコンロからの失火やガス漏れも心配だと察知したらしい。その場で、夫妻には、介護サービス（訪問介護）が必要だと説明し、奥さんには「市の介護認定を申請してほしい」と告げて、その手続きを丁寧に説明したと言う。しかし奥さんが、介護サービスを受けることを頑強に拒否したことから、しばらく訪問を続けながら夫妻の様子をみることに決めて、その場を引き上げた。職員の印象では、家では奥さんが主導的立場であり、主人にも声を荒げて指図するので、主人の方は沈黙するしかないといった様子だったらしい。

　その後、市の職員は、度々、山口家を訪問したのだが、ドアを開けてもらえなかったらしい。最初の訪問から半年以上経過したころ、市の担当者もさすがに不安になって、近所の親しくしていた方を伴って訪問し、やっと面談できた。そのときの夫妻の様子から、2 人だけで生活することはすでに危険な状態に入っていると判断したと後から聞いた。

　そこから、介護保険課が動き、まず奥さんが入所できる特別養護老人ホーム（特養）を探して、措置入所の手配をした。次に、主人の方も、認知能力などには問題はまったくなかったが、さりとて単独では生活できない健康状態（栄養失調）であったことから、とりあえず空室のあるグループホームに、やはり措置入所の手配をした。この場合の措置入所とは、経済的理由や家族の事情などによって自宅で生活することが困難な高齢者を、市町村が法律に基づいて施設

に入所させるケースをいう。

　奥さんは、特養に入所して1年ほど経ったころ、誤嚥性肺炎が原因で亡くなった。主人は、奥さんが亡くなった後、グループホームから搬送されてベッドの横に立ち、涙を流しながら奥さんの亡骸をなでていたと、後で職員から聞いた。

　グループホームの主人の部屋に入ると、奥さんの写真と自宅の写真がベッド脇の壁に貼ってあった。主人は、朝に晩に、その写真を眺めては涙ぐんでいたと、ホームのヘルパーさんが話してくれた。その主人も、奥さんが亡くなってから間もなく、自室のベッドのなかで死んでいるのを、朝、起こしに来たヘルパーさんに発見された。死因は、衰弱死と診断された。

　山口夫妻の住まいは、2人が留守の間は戸締めしたままで放置されていた。結局、2人はその家に二度と戻ることも叶わず、家の中の家財道具も、車庫の中のクルマも、すべてを廃棄処分された。

　山口夫妻が亡くなった後のすべての整理を執り行ったのは、ご主人方の、遠方の親類縁者たちだと聞かされた。奥さんの親戚は近くに住んでいて、生前は親しく交流があったのだが、葬儀には参列しただけで何もできず、葬儀の際の席順まで主人側の親類縁者が取り仕切ったらしい。ご近所の方々から、その後日談を聞く機会があった。

　山口夫妻の住まいは、木造2階建ての専用住宅であり、近くには別に200坪の宅地も所有していた。その場所は、近くの企業に、社員用駐車場として貸地していて、地代も毎月、入っていた。また家の周囲には農地（田・畑）も、数カ所、所有していた。

　山口夫妻の亡き後は、それらの不動産の処理はすべて、親類縁者の代表者と名乗る者が取り仕切った。まず住まいの取り壊し、その跡地の処分、貸地の契約変更、農地の処分などを僅かな日数で片付けたようである。住まいの取り壊しの費用が通常の相場の5倍以上だと、近所の同業者が驚いたらしい。貸地の処分も所有者を変更して契約を継承した。農地は近くの農業者に売却した。現金等については、葬祭の諸費用として、全額を使い切ったと、後日、奥さんの親戚側に報告があった。近くにも親類縁者がいたのだが、葬儀に参列しただけだったと、悔しさを露わに話してくれた。葬儀が終わって、精進落としの席上

で、その親類縁者の代表者と名乗る方が、商品券1万円の入った封筒を参列者に配り、「今日を限りに、これまでのすべてのご縁を終わりにしてほしい」といった挨拶があった。著者も、その席にいたのだが、唖然とした。あまりの手際のよさに感心するべきなのか、釈然としないと感じるのは間違いなのか、判断に苦しむ話だが、"死人に口なし"と憤慨するのは、ご近所で長く交流のあった方たちだった。

　葬儀が終わったところで、僧侶が参列者の前に立った。山口さんの主人（故人）について、まず長きにわたって寺と檀家の関係から始まり、最後に、山口さんが亡くなる5年ほど前に、独りで寺に来た時の話をした。いつも奥さんも一緒なのにと怪訝に思ったと言いながら、僧はそのときの主人の話をした。「私たち夫婦には子供がいない。墓の面倒もみる人がいない。だから永代供養をお願いしておきたい」と言いながら、持参した現金で全額を払って帰ったと言う。「最近は、一人っ子同志の結婚も珍しくなくなったことから、子供さんがいても永代供養を頼んでくる檀家は少なくない。寺でも、新たに永代供養の建物を増築したばかりだ」と言い添えた。

　山口夫妻の最後は、誰の身にも起こり得る事態だけに、本書でも取り上げることにした。著者は、山口さんから、2人の老後の生活について相談を受けていた。山口夫妻の相談の内容といえば、「子供がいない夫婦だけの所帯の閉じ方」であり、具体的に言えば、「所有している不動産の管理と処分、将来、夫妻の判断能力が衰えたときの暮らし方、何処に、誰と住むのか」であった。

　そのときは、主として住まいや土地の管理・処分について、次のようにアドバイスした記憶がある。

　(1)　住まいについては、セール・リースバック契約（借り戻し特約付き不動産売買契約）を、奥さんの本家と結ぶ方法を勧めた。本家とは、家制度の名残であり、地方ではまだ残っている親類縁者の元締め的存在であり、その家から独立して一家を構えたものを分家と称した。一般的には、本家は財力も政治力も備わっていて、分家には頼りになる存在として支配的な立場にある。「借り戻し特約付き不動産売買契約」とは、山口夫妻が住んでいる家を、①本家に購入してもらい、②山口夫妻は本家（家主）に家賃を払ってそのまま住ませてもらう、といった契約である。山口夫妻には、家の売却代金が手に

入り、また建物所有者としてのすべての負担（納税、維持管理、保険など）から
解放される。本家の方は家主（貸主）となるから、山口夫妻から、毎月、家
賃収入が入る。

(2)　貸地については、現在の借り手の企業に買取りを打診する、あるいは収
益物件として第三者に売却する方法を検討する。

(3)　農業者にしか売却できない農地に関しては、本家に相談する。

(4)　80代後半に入ったら、認知症リスクに備えて任意後見人も選任してお
く。本人の判断能力が衰えてきたとき、任意後見人にその不動産の管理や生
活監護などを代行してもらえるよう準備しておく。いまひとつ、民事信託な
ども専門家を交えながら検討する。

　後見制度支援信託などの方法もあったが、山口夫妻については、本家が親
身になって面倒をみてくれそうだとも感じられたことから、その話はしな
かった。

主人の葬儀で耳にした話では、結局、2人は、世帯の閉じ方について、最近、
よく聞く「終活」らしきことを何もしないまま亡くなった。

　私が知る限り、山口夫妻は、心底、両養子縁組を希望していた。あちこちか
ら何度か紹介されたらしいが、ご縁がないままで終わった。「2人で汗水流し
て築いてきた家屋敷や財産をそっくりそのまま渡すのだから、その代わり、自
分たちを最後まで面倒をみてほしい」。この交換条件に不足はないだろうと
いった感情が、奥さんの口調ににじみ出ていた。しかし若い世代の方は、夫妻
が期待するほど、この縁組に興味を示さなかったようである。とどのつまり、
夫妻一代限りで、山口家は絶えることになった。

　山口夫妻のような、夫婦だけで、その世帯が絶えてしまう場合は、その世帯
を「限界世帯」と、著者は称している。また、「限界世帯」が住んでいた家が、
空き家としても残らずに、誰かに買われて使われることもなく、夫妻の亡き後
は取り壊される運命の家は、「限界住居」と呼ぶべきなのかもしれない。

　山口夫妻の事例から、学ぶべき教訓は重い。

　まず、日本人はずいぶんと長生きになった。その分、楽しいことも増えたし、
悲しい思いも何度か味わうことになる。退職年齢も65歳が当たり前になり、
70歳前後まで働く人が増えた。平均年齢からすれば、さらにそこから20年近

く生きることになる。

　本書で取り上げた事例に共通する点は、誰もが、その老後の「住まいと暮らし」に不安感を抱いていることである。親子であっても、やがては別々の世帯となる、親が住んでいた「住まい」の始末が、子どもの負担になるケースも増えてきている。空き家の増加が社会問題化している現状が何よりもの証左である。親は、「住まい」をそのままに残さないで、老後の生活資金に転換する「住まいの年金化」に取り組むことが、家族の将来の負担を軽くする方法ともいえる。

2　事例　一人っ子同士の結婚と実家

　日本でも、少子化社会の構造からか、一人っ子同士の結婚も珍しくなくなっている。

　田村夫妻は、どちらも一人っ子だから、それぞれの親が４人いた。田村夫妻は、結構当初から別のマンションに住んでいたから、両親を加えると３つの世帯になった。結婚して30年経過した頃から、主人の母親と奥さんの父親が亡くなり、数年して、主人の父親も亡くなった。田村さんの実家は、そこから空き家となっていた。奥さんの実家には母親が独りで生活していたが、問題行動が見えたことから、心療内科を受診させた結果、初期のアルツハイマーと診断された。そこから、田村夫妻は、母親を呼び寄せて同居しながら介護を続けている。そのときから、奥さんの実家も空き家状態が続いている。

　著者が、田村さんから相談を受けた内容は、それぞれの実家の管理・処分についてであった。

　まず田村さんの実家は、比較的住宅が密集した場所にあり、敷地120坪、築後40年経過した木造２階建の戸建住宅であった。立地条件から判断して、一部を店舗に改造したら借り手が見付かりそうだと、田村さんに伝えたところ、そのプランに賛成された。

　具体的には、改造工事費の借入れ、その返済原資は家賃収入の中から捻出するといった計画で始まった。結果から言えば、ミニスーパーと店舗賃貸借契約が成立し、約10年間、収益物件として稼働した。その後、近くにコンビニエ

ンス・ストアなどの進出が影響してか、ミニスーパーは業績悪化を理由に撤退した。そこから以降は、再び空き店舗のままとなった。

　田村さんも 80 代に入ったことから、その空き店舗の売却を決断された。しかし周辺にも高齢化の波が押し寄せて、売家と売地の看板ばかりが目に付くようになってきた。こうした変化は、地域の不動産価格を引き下げる方向であり、取引の成約率を低下させ、成約までの時間を長引かせるといったスパイラル的な悪循環を惹起させていた。

　一方、奥さんの実家は、築後 45 年の鉄骨造 3 階建であったが、老朽化が思いのほか進行していたため、早急に防水工事や設備系統などの修繕工事が必要となっていた。この際、思い切って修繕工事を大々的に施すか、いっそ取り壊してしまうのか、二者択一の決断を迫られる段階にあった。建築士に建物調査を依頼した結果、現状の建物に修繕費を投じても、そのコスト・パフォーマンスが期待値以下であることが判明、やはり建物を取り壊そうといった結論に至った。とりあえず、その場所を更地にする。そこから、第三者に売却する、あるいは収益物件を新たに建築する、この 2 つを改めて検討することになった。

　田村さんの実家は、現在、空き店舗のままであり、固定資産税が課税されている。奥さんの実家も、現状は更地であり、住宅のときの 6 倍相当の固定資産税が課税されている。建築物を作ることしか土地の有効活用法はないのかと問われれば、即答できるプランが思い浮かばない。しかし、この場所の最有効使用を探る試みを続けなければ、ただ負担だけの負動産と化してしてしまう。少子化は、世帯数を減じるだけに止まらず、結果として不動産の負債化にまで及ぶ。

　田村さんのケースでは、2 つの世帯の一人っ子同士が結婚して新たに 1 つの世帯が生まれ、その時点では世帯数が 3 つに増えた。しかし何年か経過して、2 つの世帯が消滅して、1 つの所帯が残った。この事例では、少子化と核家族化が 2 つの限界世帯を生み出したとも理解できる。田村さん夫妻が、田村さんがどちらかの両親と同居していれば、限界世帯は 1 軒だけとなったはずであった。世帯数の保持に拘泥する格別の理由はないのだが、持家世帯の減少は、少なくとも、空き家か空き地を増やす理由の 1 つになっていることは確かである。ちなみに田村夫妻も、息子さんが 1 人だけであり、彼が一人っ子の娘さんと結

婚するとなると、また同じパターンが繰り返されるかもしれない。

　2つの別々の世帯の一人っ子同士が、縁があって結婚した。2人は、どちらの家にも入らず、新しく世帯を持った。2人が、それぞれの実家の相続を期待しないならば、むしろ両親が実家を処分してくれることを望んでいるとしたら、両親は、「住まいの年金化」で、実家を消費してしまう選択肢も検討できる。

　「住まいの年金化」の1つに、リバースモーゲージが挙げられる。リバースモーゲージの場合は、その清算は利用者（老親）の死後であり、ノンリコース・ローンならば担保割れのリスクを家族が被らないで、その家を明け渡すだけで清算できる、ヒトもイエも借金（カネ）までも同時に片付いてしまう仕組みがリバースモーゲージともいえる。しかし宅地需要が脆弱な地域ならば、リバースモーゲージは利用できない。

　田村夫妻のように、両親をそれぞれ実家に残したまま、子どもが別の場所で世帯を構えるケースは珍しくない。田村夫妻には、「多世代型家族の家」のプランが間に合わなかったことが心残りになっている。

　「多世代型家族の家」[1]とは、次のような取り組みである。

　まず、田村夫妻の両親たちは、それぞれの家（実家）を処分（売却）する、あるいは貸家（収益物件）にして、転居の準備をする。次に、息子と娘の世帯と一緒に居住できる三世代合体型住居棟が建築できる場所を探す。要するに、田村夫妻の家族と、2人の両親世帯の3つの世帯が、同じ建物（棟）に集合するコーポラティブ・ハウスのプラン、あるいは合体するテラスハウスのプランである。前者の場合は、各世帯がそれぞれの住戸の区分所有権者となり、中央に共用部分（コモンスペース）を設ける。後者の場合は、3つの世帯の住戸を平面的に隣接させて建てる。この三世代合体型住居棟の場合、両親の住戸は、将来、田村夫妻の老後の「住まいの年金化」として、独立した貸家にする、あるいは分譲できるような構造や配置にしておくと便利である。

　このプランは、税制面でも優遇措置が享受できる。両親は、その実家を売却する際に居住用資産の買い換え特例[2]が適用される。さらに両親がそれぞれの敷

　1）「多世代型家族の家」とは、縁戚関係にある複数家族・世帯が区分建物（コーポラティブ・ハウス）を建てて隣住する生活モデルであり、後述する「協住の家」とは別のモデル。

地（330 m² 以下）を単独で購入すると、将来、田村夫妻が相続する場合も節税効果が見込める。また両親の高齢化に備えて、家族信託[3]なども検討しておくことも勧めた。

3　事例　住宅ローンと老後破綻

相談者は、東京都大田区在住の女性、青木久子さん（仮名・72歳）、主人とは5年前に死別、その後、現在住んでいるマンションを、長女と共有名義で購入した。長女との共有ではあるが、実際は青木さんが1人で全額を負担していた。青木さんだけの所得では、ローンの返済能力が不足だったからだと、青木さんから説明を受けた。

青木さんは、30余年勤めていた会社を65歳で退職してから、近くの介護系施設やレストランなど複数の勤務先で、非正規雇用契約者として働いて生計を立ててきた。長女（40歳・独身）は、大学を卒業後、アパレル系企業に勤務していたが、健康を害して退職、現在は派遣社員として働いている。長女の派遣社員の収入は不安定であり、母親と同居しながら、母親に依存したパラサイト生活を送っている。

青木さんからの相談は、特定非営利活動法人リバースモーゲージ推進機構の会員から紹介された案件であった。その相談の内容は次のとおりである。

青木さんの住まいは、京浜急行線の○○駅から徒歩で10分ほどの分譲マンション（築後12年）の部屋（3LDK）であり、近隣の調査による推定時価では4000万円程度である。

青木さんも、70代に入ってからは複数の勤務先の移動も苦痛になり、徐々に収入も減ってきて、住宅ローンの返済も滞ることが増えてきた。そのつど、

2）この特例は、居住用の不動産の保有期間が10年を超え、居住期間が10年以上の場合に適用。売却するマイホームよりも高額の住宅に買い換えし住み替える場合ならば、元のマイホームの譲渡所得課税を先送りする。課税は買い換え先の住宅を売るときまで先送りされる。

3）「家族信託」とは、財産管理の手法の1つ。個人が保有する不動産・預貯金等の資産を信頼できる家族に託して、その管理・処分を任せる仕組み。

銀行のカードローンを利用しながら乗り切ってきたのだが、とうとう友人知人からも借金を繰り返す綱渡り的な状態に陥ってしまった。相談にみえた時点では、友人知人からの借金が総額で 300 万円近くなって、さすがに遣り繰りがつかなくなった。そうした青木さんの窮状にもかかわらず、長女からの金銭的な支援も一切なかったらしく、そのことをきっかけに親子関係も冷え込んで、話し合う機会はほとんどなくなってしまったと、青木さんは落胆した様子で話していた。

　青木さんの真情とすれば、唯一の不動産であり、生活の拠点でもあるマンションを売却したくない、そこに住み続けたい、だからといって生活保護を受けることは屈辱的であり、絶対に拒否する。

　リバースモーゲージを利用すれば、自分のマンションに住み続けられる、生活資金が借り出せる、元金は死後一括払い、このプランならば借金漬けの現状から離脱できると確信していたようであった。そこから青木さんは、社会福祉協議会（社協）や銀行などを回ってリバースモーゲージの利用を打診してみたのだが、行く先々で断られた。しかし青木さんは、どうしてもリバースモーゲージの利用を諦められず、藁にもすがる思いで NPO 法人リバースモーゲージ推進機構を訪ねてきた。

　著者は、青木さんと面談しながら、社協や銀行が、青木さんのリバースモーゲージ利用の申し入れを断った理由がみえてきた。

　まず青木さんの住まい（マンション）が、① 第三者の抵当権が設定されている（ローンの多額な残債がある）、② 長女が同居している（社協）、③ リバースモーゲージではマンションは対象外（社協）等々の点で、リバースモーゲージの利用要件に適合しなかったからである。リバースモーゲージに期待していただけに、青木さんの落胆は大きかった。しかし、他の打開策についても、引き続き相談の機会を設けることを約束したことから安心した様子を見せた。

　2 回目の面談では、次の 4 つの解決策を提案し、その概要を説明した。

　A 案　セール・リースバック契約
　　マンションを投資家（法人・個人）に売却して、青木さん母娘はそのま

ま家賃を払って借り受ける方法である。青木さんは、マンションの売
却代金で住宅ローン、カードローンの残債と友人知人からの借金も返
済する。今後の家賃の安定的確保を検討する。長女も家賃の一部を負
担する。投資家と「買戻し特約付き」の条件についても粘り強く交渉
する。

B案　生活費のダウンサイジング

青木さんと長女は、別のアパートに転居して家計を縮小する。マン
ションを第三者に賃貸して、その家賃収入をローン返済と生活費に充
当する。

C案　任意売却

任意売却とは、住宅ローンや借入金などの返済が困難になった場合、
競売が行われる前に自発的に担保物件を売却する方法であり、競売価
格よりも相場に近い価格で売却できる。一般売買と違う点は、債権者
との間に立って、返済条件を調整する役を引き受ける仲介者が存在す
る。多くは不動産業者が取り扱うスキームである。

D案　要生活保護世帯向けのリバースモーゲージ

　青木さんの滞納が続き、銀行から競売を申し立てられる前に、自発的にマ
ンションを売却する方法の1つとして任意売却を説明し、その関係のNPO法人
も紹介した。またセール・リースバック契約についても、長女とも相談してみ
たらどうか、とも勧めてみた。しかし競売を恐れていた青木さんは、直接、何
社かの不動産業者を回り、そのうちの一社の仲介でマンションを売却した。そ
の結果、その売却代金をもって住宅ローンの残債は弁済できたが、友人知人か
らの借金までは弁済できなかった。青木さんは、マンションを明け渡してア
パートに引っ越したのだが、働く場所の近くは家賃の相場も比較的高いエリア
で、その家賃がマンションのローン返済額よりも高く、生活費を圧迫するよう
になった。現在、青木さんは、アパートの家賃と生活費、さらに個人的な借金
の返済資金を稼ぎ出すために、連日連夜、休みなく複数の施設や店舗でパート
として働き続けている。長女は、マンションの売却を機に別の場所に住むよう
になった。

　マンションを売却してから３カ月後、青木さんから連絡が入り、会って話を聞くことができた。彼女は、「冷静になってこの件を振り返ってみると、後先が見えなくなってしまった"狼狽売り"だった」と悔しい思いを吐露した。精神的に追い詰められた結果とはいえ、「住まい」が――実際は住まいのローンなのだが――青木さんの生活を破綻に追いやったことは確かである。

　A案のセール・リースバック契約について、もっと早い段階で検討し、準備していたら、現在おかれている状況よりも生活に余裕がもてたはずである。投資家（買い手）を探すにしても、不動産業者や任意売却業者だけではなくて、友人知人にもその事情を説明して協力を仰ぐこともできた。トレードオフになりがちな「売却価格と家賃」の按配でも、段階的な条件設定などの調整ができただろうし、まず買い手も複数の共有物件として購入する方法ならば１人当たりの負担も軽くなり、流動的な条件設定も期待できたかもしれない。
　海外事例から学ぶ教訓として、「セール・リースバック契約の投資家としては家族がベストであり、次に友人知人が好ましい」。
　B案は、生活場所をマンションから他に移動することで生活費を軽減させ、空いたマンションを収益物件にして、その家賃収入をローン返済に充当する試みであり、マンションを手放さずに保持できるかもしれない方法となる。しかし生活費の低い場所へ移動と、職場との通勤事情など、条件の刷り合わせが難しい問題かもしれない。
　C案は、マンションの任意売却だが、紹介したNPO法人「住宅ローン問題支援ネット」の担当者は、青木さんと何度か面談して、青木さんの希望条件に適ったセール・リースバック契約を提案したのだが、結果として不調に終わった。担当者は、「青木さんのケースでは、セール・リースバック契約契約が最も適切な選択肢であった。しかし青木さんが希望する売却金額と、リースバックする家賃設定とのギャップが大きすぎて、投資家が期待する利回りの確保が難しかった」と、成約にまで至らなかった事情を説明してくれた。不動産の価格と収益性の関係は、不動産の周辺事情や立地、また地域経済やインフラの変化等々、環境条件でも変動する流動的な需給バランスとなる。投資家にすれば、「安く購入できれば家賃設定も低くできる、したがって収益性の持続性も高ま

る」といった思惑があるだけに、売り手との条件調整に当たるのは経験豊富なスタッフや専門家が望ましい。またセール・リースバック契約の場合は、住み手（賃借人）が高齢者の場合は、賃貸借契約の安全性と安定性、また継続性の担保・保証が必要となる。建物賃貸借契約は、賃料の値上げや契約期間の変更、あるいは貸主の変更でさえ合法的であることから慎重な検討が必要となる。

　D案の、「生活保護世帯向け」のリバースモーゲージには、青木さんは「生理的にも嫌悪感がある」と言って、まったく検討する考えがなかった。しかし青木さんの、年齢や単身者世帯である点、また現在のパート収入が限界的である点などから推して、最後は生活保護に行き着く可能性が極めて高いと推察できる事例であった。

　本件は、住居取得に伴う経済的負担が高齢者の生活を破綻させる動因となった事例であった。振り返って顛末を整理すると、次のような問題点がみえる。

(1) 所得倍率からしても高額な買物（マンション）であった。
(2) 住宅ローンの返済計画が無謀（ムリ）であった。
(3) 返済能力を超えた過剰融資をした銀行側にも責任の一端があった。
(4) ワーク・ライフ・バランス（WLB：work-life balance）にも問題があった。
(5) マンションは住宅関連費（管理費・修繕費積立金）の負担がある。
(6) 寡婦であり、長女との連携や協力が期待できなかった点も破綻を早めた。
(7) ローン破綻が想定外であった。
(8) 破綻回避策の試み（住み替え・買い替えなど）がなかった。

　青木さんの場合は、言ってしまえば、マンションの所得倍率が過大であり、綱渡り的な生活設計であったから、経済的破綻の予兆に気付く時間的・精神的な余裕が持てなかった点も不幸な結果につながった。自堕落な生活で借金地獄をみるケースもあるが、本件はまったく逆であり、眠る時間も惜しんで働く日々のなかで、収入が不定期で安定していなかったことから、気付いたら借金で身動きできなくなったという状況であった。

　著者の知るところでは、建設関連の個人請負業者の破産には、本件のような事情が多い。住宅の新築工事の一部を請け負う下請け業者は、利幅の少ない請負金額で工期に追われて、朝早くから夜遅くまで現場で仕事をしている一人親方が多い。その経理事務や資金繰りは細君が担当している。しかし細君も昼間はパートで働いている。こうした家族経営では運転資金（余裕資金）も少なく、元請業者からの支払が遅れたり、現金ではない手形決済だったりすると、自分が振り出した小切手が不渡りになって一夜で破産に追い込まれてしまう。経営収支をチェックするために必要な時間的・精神的な余裕を失うと経営破綻の予兆を見逃してしまう。古くからの諺に、"稼ぐに追い着く貧乏なし"とあるが、"夢中で働いてさえいれば、貧乏にはならない"といった教えである。しかし時々は、懐中を覗いてみないと、"働いて稼いだはずのお金が残っていない"こともある。

　本件でも、直截的な動因として過大な住宅費がもたらす家計収支の不均衡性があるが、いまひとつ、注視するべき点として、ワーク・ライフ・バランス（WLB）の極端な不調和がある。借金の返済に追われて、日々の生活から時間的・精神的余裕まで失うと冷静な現状把握が難しくなり、有効な打開策を探り講じる機会まで失ってしまう。

　本書のベーシックな概念「居住福祉」とは、"健康で文化的かつ快適な生活"を意味するものであり、リーズナブル（reasonable）、アフォーダブル（affordable）、そしてスマート（smart）の３つの要素で構成されている。とりわけ老後の居住福祉の達成には、「安全で健全な経済的自立」が基盤であり、住宅ローンの残債があるイエは「負の資産」となる。

　「居住の利便性」を享受しながら、「借金漬け」から離脱する方法として、

　（1）自分の家に住み続けながら（家賃負担がない）、借金を返済したい事情の高齢者世帯ならばリバースモーゲージの利用は適切な選択だが、本件は、前述のような理由で利用要件を満たさなかった。

　（2）セール・リースバック契約ならば、マンションの売却代金で住宅ローンを返済できる。そのまま、そのマンションに賃貸借契約で住み続けられる。買い手との交渉によっては、将来の「買戻し特約付き契約」の可能性もある。また長女が住宅ローンを使えたら、母親からマンションを買い取り、単独所有権

者となる、同居の母親から家賃を受け取ってローン返済金の一部とする、などの選択肢も考えられた。あるいは、母親と長女がマンションを共有すれば、母親の持分だけをセール・リースバック契約するプランも選択肢になったはずである。またカナダのリバースモーゲージのように、母親の持分だけに限定した持家担保年金変換プランがあれば、本件はスムーズに解決できた公算が強い。ちなみにカナダのロイヤル銀行のリバースモーゲージ（Royal Bank CHIP Reverse Mortgage）では、そのエクィティの一部（10~45％）を限度として持家高齢者に生活資金を融資する、また住まいの共有持分だけの担保であっても融資する。住まいの土地と家屋のすべてに担保設定する日本のリバースモーゲージとは異なって、共有持分だけの担保設定ローンはその家族にも理解を得やすい点で健全である。[4]

　また前述している点だが、物件の希望売却額と借り戻す（リースバック）際の家賃との間に生じるトレードオフが、セール・リースバック契約のネックとなる要素である。ファイナンシャル・プランナー（FP）や任意売却の専門家に相談しながら、貸主と交渉すべき課題となる。

　（3）生活保護が必要なほど困窮した家計の世帯が、その持家（住まい）を担保に生活資金を借り受けられるリバースモーゲージ（要生活保護世帯向け不動産担保長期生活支援資金貸付）は、各自治体（福祉事務所）で受け付けている。この種のリバースモーゲージでは、戸建住宅の他にマンションも担保対象と定めているし、同居人も問題にならない、連帯保証人も要らない。

　本件は、銀行による過剰融資が自己破産の一因となった事例ともいえる。まず利用者の返済能力を超えた融資が行われたからである。青木さんは、寡婦であり、高齢者であり、正規雇用ではなくてパート収入だけが返済能力であった。銀行が住宅資金を貸して、利用者の返済が滞納したときに肩代わり返済をする銀行系の保証会社といった役割分担も存在した。青木さんは、カードローンでも融資を受けながら、住宅ローンの返済をなんとか続けてきた。言い換えれば、青木さんは住宅ローンとカードローンのダブルの借入利息を負担してきたことになる。

4）拙著『団塊世代とリバースモーゲージ』（住宅新報社、2006年）参照。

　最近、利用者の借入状態や返済能力などをまったく斟酌しないで安直に融資するカードローンが増えていて問題視されている。「使わなくても結構ですから、カードローンの申込みだけでもお願いします」、こう言って、誰彼なく勧誘して回っている地方銀行を何行も知っている。銀行によるカードローン残高が、消費者金融業者の2倍強に達している、また銀行カードローンの拡大と自己破産者の増加とは明らかに連動性がある、とも報じられている。高齢者を狙ったカードローンの勧誘は、これからも過熱しそうなだけに高齢者の過剰債務が心配である。2017年9月、金融庁が、大手銀行数行に、カードローンの実態調査に踏み込んだと報じられている。

4　事例　売った家を借りて住む

　1991年12月、実際に行われた「借り戻し特約付き不動産売買契約（セール・リースバック契約）」の事例である。

　高齢者が、住んでいた家（自宅兼店舗）を売却して、その売却代金で多額な借金を清算した。そこまでならば通常の不動産売買の話なのだが、本件の場合は、売却した後も売主がその家にそのまま住み続けることを条件にした「借り戻し特約付き」の不動産売買契約であり、家の売却（セール）と、その借り戻し（賃借：リースバック）の、2つの異なった目的の契約を一体化させた複合契約である。最近は、複数の大手企業によるセール・リースバック契約の全国展開が始まっている。

　持家の高齢者が、その家に住み続けながら、その経済的価値を現金化（年金化）する方法を「住まいの年金化」と総括するならば、この事例の「セール・リースバック契約」も年金化プランの1つとなる。

　本件の場所は、静岡県西部にある地方都市（人口約21万人弱）の平均的住宅地の一角であり、そこに建っていた築後30年の店舗併用住宅が舞台となる。

　その家は、木・鉄骨造2階建（延床面積約150 m²）であり、1階の一部（約60 m²）を使って食料品と酒・タバコを商う店を夫婦で営んできた。世帯主の鈴木さんは、当時75歳、3年前からの病で自宅療養中であり、店を独りで切り盛りしてきた奥さん（当時70歳）と2人住まいであった。夫妻の長男と長女はす

でに独立して別の場所に所帯をもっている。

　鈴木夫妻が、突然、その生活拠点ともいうべき自宅を売却する羽目に陥ったのは、長男が経営していた食品会社の経営破綻が原因であった。鈴木さんは、息子の会社の役員（書面上）であり、また金融機関からの借入の連帯保証人にもなっていた。業績不振で資金繰りに窮していた会社にはすでに金融機関からの多額な借入金があり、鈴木さんも金融機関から連帯保証の履行を厳しく迫られていた。その保証債務の清算は緊急的で時間的余裕がない点、鈴木さんの家も競売に付されるおそれがある点、また鈴木さんが個人的に他の金融機関から運転資金の融資を受けることはほぼ絶望的である点等々から、切羽詰った鈴木さんは、自宅を売却して、その代金で保証債務を清算するしか他に方法がないと判断し、苦渋の決断を下した。鈴木さんの意向を受けて、長男が不動産業者を何社か回り、実家の売却に奔走した。しかし、売主が売却した家に賃貸借契約で住み続ける点、その賃貸借契約の満了が売主の死亡後である点、さらに契約時の一括決済といった契約条件がネックとなって、結局、買い手を見付けることができなかった。

　一方、鈴木家の事情とすれば、その家は夫婦の生活の拠点であり、同時に生活費を稼ぎだす店舗も併設していたことから、売却して転居したら現金収入も途絶えて生活が困窮することは明々白々であった。鈴木さんは病床にあって、余命数年とも医師から宣告されていたことから、せめて鈴木さんが亡くなり葬儀を終えるまでの期間は、その家にそのまま住み続けたいという奥さんの意向は揺るがなかった。

　親類縁者が何度も集まり資金繰りを相談したのだが、具体的な解決方法が見付からず、行き着いた結論は、やはりセール・リースバック契約であった。

　まず、自宅を売却して、その代金で長男の会社の借金を清算する。次に、売却した家をそのまま借り受けて、これまでどおり食料品店も経営する。このセール・リースバック契約ならば、家を売却した後の何年間を、奥さんが主人を介護しながら生活費も稼ぎ出せると考えたからである。

　しかし、このセール・リースバック契約の最大の難関は、鈴木夫妻が抱えている事情を了承したうえで、その家を購入してくれる買主を探し出せるかどうかであった。何度目かの親類縁者が集まった席で、鈴木さんの奥さんがある決

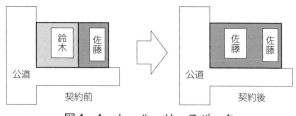

図1-1　セール・リースバック

意を説明した。

　その翌日、奥さんは、隣の佐藤家を訪ねた。奥さんは、佐藤夫妻を前にして、自宅売却の決断に至った連帯保証債務の顛末や自宅療養中の主人の病状なども丁寧に説明した。そのうえで、その店舗併用住宅の購入を検討してほしいと、頭を下げてお願いした。

　佐藤さんは、奥さんの申し出を慎重に吟味した結果、鈴木家をセール・リースバック契約で購入することを決断し、その旨を鈴木さんに伝えた。

　佐藤さんは、直ちに金融機関と相談し、不動産売買契約に必要な準備に取り掛かった。翌年初めに契約となり、契約時に全額を支払い、所有権も移転した。また佐藤さんと鈴木さんとの間で、同日付で建物賃貸借契約も結んだことは言うまでもない。

　本件のセール・リースバック契約における建物賃貸借契約では、建物は現況のままとし、その保守管理も借主が自主的に行い、将来の退去時における物件の原状回復義務でも常識の範囲内とする旨、双方が合意した。また貸主となった佐藤さんは、借主の家族の事情を忖度しながらではあるが、契約更新や賃料改定については、原則、一般的な契約（宅建協会の標準契約書）に則る旨も合意した。なお建物賃貸借契約の借主側の連帯保証人については、本件のいきさつを熟知している親族代表が名乗り出て、佐藤さんはこれを快諾した。

　佐藤さんは、当時、予定外の不動産購入に踏み切った理由として、次の点を挙げた。

　（1）鈴木夫妻が生活拠点を失う窮状からの救済。
　（2）長い年月にわたって培われた鈴木家との信頼関係の存続。

　　(3)　親類縁者の真情溢れた行動に感動。

　　(4)　当時の安定的な地価上昇傾向。

　　(5)　隣地の購入で自己敷地の資産価値も上がる。

　　(6)　鈴木食料品店の立地的価値（売上高・客数）の評価。

　　(7)　不動産賃貸業を体験できる好機。

　　(8)　鈴木さんからの家賃収入がローン返済の負担を軽減する。

　　(9)　誰が隣人となるのか不安だったから購入を決めた。

　上記の、(1) と (2) と (3) の３つは、心情的な理由ともいえる。(4) と (5) では、この不動産売買契約を不動産投資として捉えて、不動産の値上がりへの期待がある。当時は地価高騰のバブル経済下であったからである。(6) 安定的な売上が見込める店舗の収益性から、隣地の立地条件の財産的価値を評価している。(7) 隣地の住まいを収益物件として捉えて、不動産賃貸事業について積極的に取り組もうとするきっかけとなった。(8) 不労所得としての賃料の安定的収入は佐藤さんの借入返済能力を補強する要素となる。(9)、誰が隣人となるかは不確定要素であり、その不安を払拭できたのは敷地を購入した効用の１つとなる。

　90 年代後半は、競争的な不動産投資が煽る地価の急騰が全国的にみられ、投機的市場を抑制しようとする行政の動きが始まった。一定規模の不動産取引価格について、国土利用計画法第 23 条第 1 項の規定に基づいて、県知事が介入した。本件の鈴木家の売買契約の場合も、同規定に基づいた届出のもとで締結された。

　この契約から 28 年経過した 2017 年 3 月、再び佐藤さんを訪ねて取材させていただいた。

　隣の鈴木さんは、契約から５年後に、その家で亡くなり、葬儀を済ませてから退去した。退去する際は、親類縁者が総出で家のクリーニングをしてくれたと、佐藤さんは感激した様子で話してくれた、噂では鈴木さんの奥さんもそれから間もなく亡くなったらしい。佐藤さんは、鈴木家の退去した後すぐに、その店舗併用住宅を取り壊して更地のままにしていた。

　しかし近所から食料品の買物が不便だという声が上がった。そこで佐藤さん

は、再び跡地に貸店舗を新築して、食料品店をテナントとして招致して、近所の要望に応えた。

　佐藤さんに、「鈴木宅の購入を不動産投資として捉えたとき、その成果についてどう考えますか」と質問したところ、「買物も不便な地域の生活支援サービスの一翼を担ったという自負はあります」と即答された。

　1991年当時の鈴木家の土地200 m² の購入価格は4000万円、26年後の路線価では約2000万円程度であり、四半世紀で約50％下落した。さらに2008年9月のリーマンショック以降、全国的に地価は下落傾向に陥り、とりわけ地方の住宅地の下落は毎年続いた。佐藤さんの地域でも、大都市圏への人口流出に歯止めが掛からず、また海岸が比較的近いことから津波被害の予想エリアにも位置している点などで不人気な場所となった。

　しかし佐藤さんの場合は――前述の理由からも明らかだが――不動産収入と地価下落を秤に掛けて損得勘定しても大きなマイナスにはならなかった。むしろ隣家の窮状を救済できたことや、近隣住民の生活インフラである店舗経営が、本件のセール・リースバック契約がもたらした地域生活支援サービスとなったことは間違いない。

　一方、鈴木さんの場合は、自宅の売却代金で、父子が背負った多額な借金が清算できた点と、最後までその家に住み続けられた点からも、やはりセール・リースバック契約の居住福祉的効用は発揮されたと評価できる。

　この事例におけるセール・リースバック契約について、次のように整理できる。

(1) セール・リースバック契約では、始めに売買契約を結び、次に賃貸借契約を結ぶ。前者の契約で住宅の所有権者が売主から買主に交代して、後者の契約で、買主が貸主（家主）となり、売主が借主（入居者）の関係に立つ。

(2) 本件では、「借り戻し特約付き」の不動産売買契約であったが、「買い戻し特約付き」で契約するケースも実際に行われている。この場合は、建物賃貸借契約の期間は2〜3年が一般的だが、その期間満了後に売主側が、再び買い戻す条件付きで売買契約を結ぶケースである。

(3) 売主（借主）には、固定資産の家を流動化（現金化）できるメリットがある。借入の弁済ができれば安心感がある。しかも、そのまま住み続けられる保

証も重要なメリットとなる。他にも、家の修理修繕費や固定資産税、また保険料などの負担がなくなり生活費が下がる点も、収入が先細りする高齢者の家計には大きなメリットとなる。

(4) 売主は、住まいが持家ではなくなり、世間的な信用度は低下するかもしれない。また金融機関から借入する際の担保力は失われる。いまひとつ、子どもに遺す相続財産を失うことにもなる。しかし百歳社会とも言うべき現在、家計の最大資産である家をそのまま子に遺すことも難しくなる。家を現金化して老後の生活資金にする「住まいの年金化」が必要な社会になるからである。

(5) 買主のメリットとすれば、最初から家賃収入が確定している点である。また継続的な家賃収入は不動産貸付業となり、物件の修理修繕費も必要経費として所得控除される点など税法上のメリットもある。図1-1が示すとおり、鈴木宅を購入したおかげで、佐藤宅は2方向の道路に面した角地になり、建築基準法（第53条）上でも建蔽率が緩和されるなど好立地となっている。

(6) 買主のデメリットとすれば、多額な投下資金（購入資金）に対するリターンが家賃収入だけで固定化する点、また借主の高齢化で家賃収入が不安定な点も不安材料であり、さらに賃貸借契約の終了が未確定な点もデメリットとなる。リバースモーゲージでは先駆的なカナダやアメリカのセール・リースバック契約でも、そのメリット・デメリットについては上記とほぼ同じ捉え方である。

(7) セール・リースバック契約の場合は、特有のリスクがあり、借主は、その回避策（セーフティネット）を想定しておかなければ枕を高くして眠れない。それは契約途中で起こり得る貸主の変更であり、そのことで賃貸借契約上にも不利益な変更が生じるリスクである。貸主の合法的変更ならば阻止も回避もできない。しかし貸主が、家族や友人知人、あるいはNPO法人などならばその種の不安は払拭できるはずである。

　家族が貸主の場合は、安心な半面、不安の種もある。セール・リースバック契約は親の家を購入する内容の契約であり、これまでの日本の社会ではなじみが薄い契約だけに、家族の相続争いの引き金にならないよう、専門家も交えて

慎重な検討が必要となる。

　契約は、当事者間で、本義的には対立的な権利関係を合致・合意させて成立させる法律行為であるから、当事者条件が変化すると契約上にも影響が生じやすい。セール・リースバック契約では、所有権者から賃借権者に立場が変化する取り決めであり、その当事者が高齢者であるだけに、契約直後はともかく、将来、当事者能力の衰耗に対する備えとして、契約の正しい履行を支える公正証書の作成や信頼の置ける第三者の任意後見人の選任も検討されるべきである。

　本件のセール・リースバック契約を総括すると、問題の多い契約であったはずだが、スムーズに成立し履行された。その背景には、契約当事者である売主と買主の間に揺るぎない信頼関係があった点、またそれを支えた親類縁者の存在も大きかった。セール・リースバック契約は、「売る・買う」と「貸す・借りる」といった取り決めであり、それだけにその履行には往々にして不協和音が生じやすい。契約は、法律行為であっても、その認識や理解には齟齬や変更が付き物である。契約期間中に、微妙なトラブルの発生は想定内と承知し、その回避策を講じておくことは必要だが、最初から信頼関係を築ける当事者同士で契約することが最良のリスク回避策となることは確かである。

　また厳密に言えば、本件のセール・リースバック契約は、直截的な「住まいの年金化」ではないが、住まい（持家資産）の流動化が、結果として、老夫婦の住まいと暮らしを支えた点、息子の窮状までも救った点などからして、その居住福祉的効用は計り知れないものであった。

5　限界世帯はマンションに住み替える

　2018（平成30）年簡易生命表によると、日本人の平均寿命は男性 81.25 歳、女性は 87.32 歳、男女平均で 84.29 歳と過去最高を更新した。翻って戸建住宅（イエ）の寿命は平均的には 40 年程度だから、明らかにヒトの方がイエよりも長生きである。

　人生を 100 年と考えるとき、25 年は四半世紀であり、人生折々のターニングポイントとなる。大学を卒業して就職で一段落するのが 25 歳（学生期）、そ

こから結婚と子育ての50歳頃までを家住期、さらに子どもが巣立ち、本人も退職して家に落ち着く頃が林住期、ここから先は後期高齢者となり本流から外れて支流に入っていく遊行期となる。

　初めての家を購入する年齢は人によって様々だが、35歳とすれば25年経過すると60歳、会社勤めなら定年退職まで5年を残す。40歳から25年経つと65歳、定年退職の時期となる。65歳以降もその家（場所）に住み続けるとなると、老後に備えてバリアフリーなどの修繕・改造を施す、あるいは、その場所に新たに建て替える選択肢も視野に入ってくる。

　しかし退職を期に、別の場所に住み替える選択肢も検討する。その場合は、シニア・コミュニティなども検討される。要するに、住んでいる家も老朽化が著しい、仕事の都合もない、とすれば、そこから先は、そのまま「定住」する、あるいは別の場所に「移住」するの二者択一の選択となる。

　「移住」を決めた世帯（夫婦）の場合を考えてみると、まず移転先を検討して、その場所に住むための家を探す。次に、現在の家の処分を検討する。家を売却して次の家の購入資金に当てるのか、住み手が見付かれば貸家とするのかだが、いずれにしても子どもがその家に戻ることはないといった前提で考えている人が増えている。

　住んでいる家が徒歩圏内に生活サービス（病院・クリニック、ショッピングセンター、バス停留所、文化施設等）が揃っている場所ならば住み替えの必要はないから、老後の生活に備えて必要な修繕・改造を施さなければならない。夫婦が、もちろん個人差はあるのだが、75歳を超える頃から骨粗鬆症があれば家のなかで転倒しただけでも寝たきり状態になり、そこから先は老々介護の世帯となるからである。大規模修繕を施すならば、折角の機会だから、家賃収入を稼げるイエに変更する試みも「住まいの年金化」となる。現在の家を終の住処と決めたならば、大規模修繕する、あるいは新しく家を建て替える、いずれの場合でも相当な建築費が必要となる。その資金の調達は、後述するところだが、60代からの住宅ローン「リ・バース60」の検討を勧めたい。

　住んでいる家が不便な場所にある場合は、生活が便利な場所（イエ）に住み替えることを検討する。その場合は、既存の戸建住宅ではなくて、既存のマンションに住み替える選択も検討する価値がある。戸建住宅の中古物件の場合は、

そこで居住する推定年数とのコスト・パフォーマンスを考える必要がある。高齢者世帯の一代限りの家ならば、生存配偶者の亡くなった後は空き家となり、土地の租税負担が存続するからである。

　中古マンションならば、価格も手頃であるし、同じ棟の居住者もすでに固定しているなど居住環境の適・不適が判断できる。注意点とすれば、そのマンションの寿命（余命）と入居者（世帯）の余命とのギャップであり、その判断を誤らなければ合理的な住み替えになる。たとえば75歳で住み替えたならば、15年余住むと90代前半になる。築後30年のマンションならば、購入価格も手頃だし、建て替えまでは住んでいられる。

　千葉市の事例だが、築後33年のマンションを購入して移り住んだ夫婦は80代であり、入居前にリフォームしてから引っ越してきた。そのマンションでは、すでに3年前から建て替え委員会も設立されているのだが、夫妻はそこを終の住処とする考えだと話していた。建て替える頃まで、そこに住めたら十分だと計算した上での決断だったらしい。著者は、こうした次の世代の継承者がいない世帯を総括して「限界世帯」と称している。

　静岡県内のある漁業の町で、高齢化が進んでいる地域がある。

　その地域には何代も前から住んでいる古い世帯が多い場所だが、最近では子どもの同居率は低下している。駿河湾から吹き付ける強風と塩害から、その辺一帯の木造家屋の老朽化は激しい。高齢者の世帯は、大規模修繕を施すか、新築するかの選択を迫られるのだが、金融機関からの借り入れも難しい。「リ・バース60」を扱っている金融機関も近くにない。そこで老朽家屋を解体して、更地にする。その更地を、接している隣近所の何軒かで買ってもらい、その売却代金を以って、町内の高台に建っているマンションに引っ越していく。そのマンションならば、ご近所の知り合いも入居している。遠方にいる子どもたちも、老親が亡くなった後も同じ事情の賃貸需要も見込めることから、安心していると聞いている。

　マンションの多くが比較的生活が便利な立地条件であり、賃貸契約の入居希望者も見付かりやすく収益性が相対的に高い、管理組合があるから個人が管理しなくてもいい（費用負担があるのだが）、老朽化すれば必ず建て替えになり空き家として残らない等々の条件が、限界世帯には適した住まいといえる。

　その漁師町は典型的な木造住宅密集地域であり、少子化と高齢化が進行している。こうした条件の町村部は全国的にも少なくない。木造住宅密集地は、その隣棟間隔は狭小、道路も2m前後といった地域もあって、防災面でも不安な点が多い。また各住戸の敷地も狭小であり増築も不可能な点から2世代同居も難しく、若い世代は別の場所に転出して、老親だけが残るケースが典型的である。こうした事情は、老朽家屋の建て替えや大規模修繕などの意欲を削ぐものであり、その資金手当ても難しいことから、居住環境としては少子化と高齢化が止まない地域と化してしまう。となれば、高齢者世帯の次の選択肢となるのは、他の場所への住み替えとなる。現行の高齢者向けの住み替え支援制度の場合は、若い子育て世代の賃貸ニーズが見込める場所にあることが前提条件だから、こうした場所の老朽・狭小の住宅には使えない。

　以上の諸条件を勘案するとき、高齢者世帯の住み替え需要に対応できるローンとして、元金死後一括返済方式の「リ・バース60」の検討を勧めたい。

第2章 「稼げるイエ」に住む

1 事例 「中古アパート」を買って住む

・場所：静岡県富士市内、住居地域、平坦、角地 250 m²
・建物：共同住宅（2LDK×9室、築後32年）：鉄骨3階建、延べ床面積 120 m²
・立地条件：近隣には、クリニック、銀行、バス停留所、海浜公園などもある
　　　　　　住宅地
・アパートの家賃収入：月額30万円（全室契約時）
・売買価格：3000万円（内訳：土地代金2600万円、建物代金400万円）
・売主のプロフィール：大木英雄、会社役員、75歳、家族（妻・子ども3人）
・買主のプロフィール：杉下浩二、ノンバンク勤務、45歳、単身者

・売主の売却理由：
(1) 売却の最大の理由は建物の老朽化であった。アパートの外装と構造材の一部にも及ぶ大規模修繕（投資）が急がれる状態にあった。その場所は、駿河湾から1km キロ以内の場所（海抜5m）であり、建物の海側の鉄部には顕著な塩害・腐食が露出している。それまでも大木さんは何度か外壁や手摺、ベランダにも塗装修繕工事を施した。鉄製のベランダや通路の手摺はアルミ製品に交換もしている。しかし外部の階段や通路の鉄製部分は塩害にはまったく無防備であった。建物の設計段階で、海岸からの強い風が当たる立地条件が配慮されていたら、こうした塩害・腐食もある程度防げたはずである。机上のデザインをそのまま採用したことが最大の失敗であった。大木さんが売却を決めた数カ月前に、建築業者に建物外部の塗装・鉄部の補強工事の見積を依頼したところ、外部足場を含むと工事費約1000

万円の見積書が届いた。折からの相続税対策のアパート建設ラッシュや建設関連の高齢化と人手不足から、工事見積額は明らかに割高であり、値下げ交渉の余地もまったくない状況にあった。そのまま取り壊すプランも検討したのだが、解体処分の工事費の見積額もやはり約600万円と割高であり、またアパートを解体して更地にすると、固定資産税はこれまでの6分の1から元に戻り、収益性が失われた分、さらに買い手が付きにくいといった懸念もあった。

(2) 現在の入居者の大半が高齢者であり、次の契約満了を機に退去する可能性が高い、近隣にはアパートが比較的多く空き室が増えている傾向がある、新しく建設されているアパートには最新式の通信設備や防犯設備などが完備している等々から、旧いアパートの入居率は低下し、採算性は、早晩、悪化するだろうと、大木さんは読んでいた。

(3) 静岡県内の路線価は2017年時点で8年連続して低下しており、この傾向はこの先も続くだろうと予測していた点も、アパート売却の理由となった。

(4) 大木さんは同族会社の社長であり、75歳を機に退職を決めていた。その役員でもある細君と、独立している子どもたちを前にして、アパートの相続意思を確認したところ、全員が売却を勧めて、相続を望まなかった。子どもの意見を聞いてみると、大木さんが売却を決断した理由は言わずもがな、その他に、まずアパートの入居者が引き起こす様々なトラブル（駐車、騒音、ゴミ等）に対する近隣からの苦情・クレーム処理などの煩わしさが挙げられた。相続するメリットよりも、むしろ物心ともに負担の方が過大である点、そして大木さん個人の借金を清算しておいてほしい、そのためにもアパートを売却するべき、というのが子どもの意見であった。

(5) 大木さんは、アパートの売却代金で別件の銀行からの借入（700万円）を一括返済したい意向もあった。

(6) 大木さんは常日頃から、「アパート経営は長期にわたる事業だから、世代間のオーナー・チェンジは、資産性のサスティナビリティにつながる正しい選択」と考えていたと言う。また大木さんは、買い手の杉下さんと面談しながら、そのライフスタイルや金銭感覚にも共感する部分があったことから、安心してオーナー・チェンジする気になったと語ってくれた。ア

パートのオーナー・チェンジの場合は、新たなオーナーはその入居者と結んである貸室賃貸借契約を承継することから、大木さんは買い手については慎重であった。

・買主の購入理由：

　買主の杉下さんは、家族がいないことから、退職後の住まいや暮らしには普段からあれこれ考えを巡らしてきた。またノンバンクに勤務している杉下さんは、クールな金銭感覚だと自認している。勤務先に近い場所にあるアパート（ワンルーム）に居住していたのだが、本物件の空き部屋（図2-1参照）に転居してしまえば、現在の家賃負担がなくなり、さらに購入資金の借入返済もアパートの家賃収入で賄えると計算して、購入を決断した。最も問題視されたアパートの塩害や老朽化については、仲介の不動産業者から重要事項説明書で詳しい説明を受けて承知していた。当面は家賃収入があることから、建て替えまでは、必要最小限度の修繕工事で乗り切ろう、将来のアパートに投資すべき資金繰りや、退職後の生活設計について不安感はないと語っていた。杉下さんは、老後の生活資金を稼ぎ出す貸室付きの住まい、すなわち「年金付き住まい」を購入した結果となった。

　本件は、将来の「年金化する住まい」の生活設計に基づいた不動産購入であり、既存の中古アパートから毎月上がる家賃収入で借入返済を賄い、不動産事業（貸室業）の確定申告をすることで税法上のメリットも享受できる。

　アパート住まいから、別の既存アパート（中古）を購入して、そのオーナーになり、そのアパートの空室を自宅とした事例である。著者は、これまで、持家ではなくて、借家・アパート・マンションなどの賃貸物件に住んでいる相談者たちに、このプランを勧めてみたが、そのまま実行したのは本件の杉下さんが初めてであった。中古のアパートを購入して、その一室を自宅とし居住するライフスタイルを思い描くことが難し

図2-1
アパート・貸室・間取り図（38.9 m²）

かった点と、家を買うなら新築、あるいは小さくても自分の夢をかなえる家を新築したいと考える人が圧倒的に多いからである。

　この事例はいわゆる賃貸物件のオーナー・チェンジであり、家族（配偶者・子ども）との「家族生活互助契約」も視野に入れて検討すると様々なバリエーションを見付けることができる。

　まず両親が中古アパートを購入して、その一室に転居する。アパートの家賃収入を生活資金に充当しながら、貸室の軽微なメンテナンスや入退居時の管理もする。やがて両親が一定の年齢になったとき、子どもとセール・リースバック契約を結んで、もう一度、オーナー・チェンジする。セール・リースバック契約ならば、両親は子どもに家賃を毎月支払うことになるが、そのままアパートに住み続けられて生活は変わらない。さらに魅力的な点はアパートのオーナーとしての負担（事業税の確定申告や納税負担、各種メンテナンス、入退居時の契約に伴う事務等々）からすべて解放されることである。子どもと結ぶ不動産売買契約における契約金の受け取り方式も、ビアジェのような長期割賦払い、また親が契約金を子どもに貸し付けて、親の支払う家賃と相殺する方法など、家族の事情に合わせた契約内容が相談できる。もちろん、子どももアパートに転居して──変則的かもしれないが──二世代同居、あるいは多世帯同居なども現実的な選択となる。また子どもでなくても、友人知人などとの同居も老後を豊かにするプランとなる。

　"スクラップ＆ビルド"の風潮を買い手市場と受け止められる理由は、中古住宅ストックの多くが、構造的には問題が少ない建物であっても、その売買価格はタダ同然である物件が多い点、修理修繕を施せば、或いは適当な時期に適当なメンテナンスを施せば問題なく使用できる点などである。また収益物件であるアパートや貸店舗の場合であっても、リノベーションによって、居住空間と賃貸空間の２つの用途の建物に変更することも可能であり、退職後の年金化プランとしても積極的に取り組まれたら面白い。こうした構想を、建築士やフィナンシャル・プランナー、また税理士などにも相談されたら、クリエイティブな年金化プランに行き当たるかもしれない。不動産市場に登録されていないホットな売り物件候補の情報は、相続対策を扱う税理士や地元の銀行・信用金庫などが握っている場合も多いので相談されることをお勧めする。

　ヒトは、この先ますます長命化する。イエも何度も再生させて、3R（リデュース、リユース、リサイクル）に貢献するべきである。そして個々人の3Rの取り組みに対して、政府は規制緩和や税法措置などを以って支援するべき責務がある。

　日本銀行の、2017年3月の「生活意識に関するアンケート調査」によると、消費行動に"モッタイナイ"意識、あるいは"倹約志向"や"堅実志向"が根強いことが明らかである。アンケート調査では、商品やサービスを選ぶ際に特に重視する点として、「価格が安い」の回答が最も多く、次いで「安全性が高い」、「長く使える」、「信頼性が高い」、「機能が良い」といった回答が続く。逆に最も少ない回答は、「流行のもの」、次いで「ブランドイメージ」や「デザイン」などであった。このアンケート結果が示唆するところは、実利的な消費性向であり、背伸びした消費よりも無理のない範囲で考えるアフォーダブル消費志向が多数派を占めている点である。家計の最大財産である家についても、新築には拘らない、多額な住宅ローンを抱えてその返済で生活から余裕を失うことよりも、むしろアフォーダブルな価格と生活のQOLを優先させて選ぶ傾向が表れ始めている。

　売買取引の後日談：本物件に興味を示した買い手候補者は3人いたと、大木さんが話してくれた。収益物件の購入者には、自己資金を持たないで購入資金の満額融資を申し込む傾向がある。そのうちの1人は近くの銀行に購入資金の融資を打診したところ、新築物件なら取引経費まで含んだ全額融資に応じる、しかし海岸近くの立地で、築後30年以上経過している点などから融資を断られたらしい。東日本大地震以降は、地震による津波被害を心配して、海岸に近い場所の不動産融資に対して金融機関は露骨に消極的態度を示す。だから中古物件はますます買い手が見付からないジレンマに陥っている。アパートの場合は、入居者が地震時の津波を恐れて高台の方に引っ越してしまうケースも少なくなく、融資側も自己資金の乏しい買い手には慎重に対応せざるを得ない。太平洋側の地域には、津波の風評被害も懸念される実態がある。

　こうした金融機関の事情も聞いていた大木さんは、思い切った低価格で売却に踏み切ったとも話してくれた。また買主の杉下さんも、勤務先のノンバンク

から購入資金の満額融資が受けられなかったら、自分も購入できなかっただろうと、後日、著者に語っている。

　最近の金融機関は、中古物件に対する融資には明らかに消極的であり、新築物件の融資条件との格差を顧客に比較・提示する営業姿勢は、中古住宅市場にとっては逆風でしかない。

2　事例　「稼げるイエ」のデザイン

　神奈川県小田原市に、30 年以上居住している佐藤夫妻の事例である。

　佐藤さんは会社役員（65 歳）、奥さんは専業主婦（58 歳）で、普段は 2 人だけの生活だが、月に一度、東京から長男（独身）が帰ってくる。佐藤夫妻は、子どもが 2 人で、長女は結婚して名古屋に住んでいる。佐藤夫妻は、5 年先に迎える主人の退職後の住まいや暮らしについて、真剣に考え始めていた。

　住まいについては、① 現在の家を売却して別の場所に住み替える、② 現在の家を大改装して、そのまま住み続ける、あるいは③ 現在の家を取り壊して新たに建て替える、この 3 つに選択肢に絞り込んでみた。その後、長男とも何度か相談した結果、現在の場所に、住まいを建て替えることに決めた。そこに実家があれば、将来は戻ってきたいと話した長男の言葉が決め手となった。

　早速、佐藤夫妻は、退職後の生活をイメージしてみた。2 人だけでポツンと暮らす生活は退屈だから友人知人たちが気楽に訪れる開放的な住まいにしたいと考えていた。

　新しく建て替える家は、老後の暮らしの拠点となることから、"健康で文化的かつ快適な居住空間"にしたい、千客万来の賑やかな家にしたい、もう 1 つは、本書のテーマでもあるのだが、老後の生活費の一部を"稼げる家"にしたい、これら 3 つの要望を叶えてくれる家を造ろうと、夫婦で決めた。

　カナダのバンクーバーで大学に勤めている友人のジムの住まいも、最近、2 人の話題に上った。ジムが住んでいる家は、木造 2 階建であり、1 階のフロアーを若い夫婦にレントして家賃をもらっていた。ジムは 2 階のフロアーを使っていて、玄関は 2 世帯が共同で使っていた。ジムの家が、2 世帯が同居しているアットホームな雰囲気がとても素敵であったことを、改めて思い出した。

　しかし建て替える家を、"稼げる家"とするためには、家族の居住空間とは別に、「稼ぐための空間」を、家の中に造らなければならない。ジムの家は大きな切妻の屋根で、どっしりした構えであった。あのデザインが好きだが、はたしてこの敷地に同じようなデザインの家が建てられるのだろうか。

　誰かに相談してみようと思い立ち、友人たちに話したところ、NPO 法人リバースモーゲージ推進機構を紹介された。

　インターネット上で検索したら、金融機関の扱うリバースモーゲージの他に、民間サイドの不動産活用などで老後の生活資金を稼ぎ出す「民間制度リバースモーゲージ」について、研究と啓蒙活動を行っている NPO 法人であることが分かった。

　さっそく同法人の相談室（JR 新橋駅前ビル）に連絡して、面談日を予約した。実は、このときの担当者が著者であった。

　佐藤さんの相談は、「稼げる家」がイメージできない、詳しく説明してほしいといった内容であった。それから以降は、佐藤さんとは何度も話す機会があった。佐藤さんの自宅にも何度か訪問して、奥さんや長男とも話し合う機会が持てた。

　佐藤さんの自宅の立地条件などは、建築士としての視点からも綿密に調査した。佐藤さんにお会いしてから半年過ぎた頃、新しい家のグランド・デザインをお渡しすることができた。以下、その概要を述べておく。

　まず佐藤さんの住まいは、比較的新しい住宅地の中にあった。近隣の生活環境としては、佐藤さんの住まいから徒歩 15 分程度の場所には、私立中高一貫校と公立高校があり、バス停までは数分、コンビニエンス・ストアも数店舗あって、一番近い店舗まで徒歩 5 分、またクルマで 10 分程度のエリアにはクリニック（歯科、内科、外科、眼科）や金融機関などがある。老人施設や幼稚園などもあることから推測するに、人口流入のある、発展性の見込める地域であると理解した。こうした周辺環境から判断しても、佐藤さんの住まいが、「稼げる家」としても期待に応えてくれるはずと確信できた。そこで、佐藤さんには、次の 3 点を設計方針の柱に据えたグランド・デザインを提案した。

　(1) 老後を"健康で文化的かつ快適"に過ごせるデザイン、(2)「稼げる家」にするための設計ポイント、(3) 敷地全体を有効活用する取り組みで土地の持

つ「稼げる力」も具現化する。

（1）老後を"健康で文化的かつ快適"に過ごせるデザイン

　最後まで、自宅で"健康で文化的かつ快適"に暮らしたい。そのために欠かせない設備が、家庭用昇降機（ホームエレベーター）の設置である。ホームエレベーターは、1階と2階のフロアーをバーチカルにつなぐ。階段は、自分で昇り降りするが、ホームエレベーターならばフロアーに立っているだけである。荷物も一緒に運べる。重いものを持って階段を昇り降りすることは、将来は必ず苦痛になる。高齢者の転倒事故の8割が、家の中の階段を踏み外すことが原因だとする資料もある。佐藤夫妻がさらに高齢になっても、ホームエレベーターを使えば、2階のフロアーも1階のフロアーと同じレベル（フラット）になるから2階に居住できるし、1階フロアーをテナントに貸すことに何の問題も生じない（図2-2、図2-3）。将来、長男夫婦が同居する場合でも、彼らは2階よりも1階の方が安全な居住空間となり、幼児がいれば2階よりも安全である。また長男家族の出入りが、2階に与える影響も少ない。

　高齢者が住む家は、段差の有無や玄関などにも空間的余裕が必要であり、ガレージとエントランスの位置関係と段差も十分な配慮がほしい。

　エントランスの評価は、悪天候の日でも出入りがスムーズかどうかで決まる。家族の高齢化で足腰が悪くなったとき、杖や車椅子の使用に支障はないか、などの配慮が必要となる。玄関に続く、緩い勾配で、滑りにくい表面仕上げのスロープがほしい。また玄関の扉にしても、引戸の方が障害者にはやさしい。

　佐藤さんには、インナー・ガレージも勧めた。インナー・ガレージとは、建物の中にクルマ用のスペースを設けるといったコンセプトである。ガレージがインナー（屋内）にあるのだから、雨や風の日も、乗り降りや荷物の出し入れも楽になる。電気自動車なら排気ガスの心配もないから、クルマもインテリアの一部にもなる。充電用コンセントも最初から設けておく。また床や壁、天井などの仕上げも将来の用途に備えた検討が必要になる。

図2-2　住まいの年金化

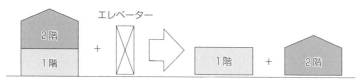
図2-3 上下階のフラット化

図2-4 インナー・ガレージ

図2-5 佐藤家 正面 1階右側がインナー・
ガレージ

　佐藤さんのインナー・ガレージも、スモール・オフィスやミニ・ショップ向けのレンタルスペースとして家賃を「稼ぐスペース」に転用できる。近い将来、クルマの自動運転が現実になったら、高齢者の家はインナー・ガレージが当たり前になる（図2‐4、図2‐5）。

（2）「稼げる家」にするための設計ポイント
　1階フロアーと2階フロアーの間には、構造的、空間的・機能的遮断性の確保が必要な点である。1階フロアーが、独立した居住区として利用できるように、個別の出入口や独立した生活設備（電気・給排水衛生設備など）が必要となる。長男夫婦が同居する場合でも、あるいは誰かに貸す場合でも、こうした取り組みは必要になる。
　1階フロアーを第三者に貸した場合の家賃収入を計算してみた。地域の平均的な賃貸料で計算すると、月に8万円程度と考えていれば間違いない。近所に進学校もあるから、その生徒のための食事付きの寄宿舎などの需要も見込めそうである。

　　　■Aインナーガレージ（12帖）：店舗・オフィス向き
　　　　　　　　　　　　　　　　外部より直接、出入り可能
　　　　　　　　　　　　　　　　給排水設備有り　トイレは敷地内の別棟
　　　　　　　　　　　　　　　　専用駐車スペース有り
　　　　　　　　　　　　　　　　想定賃料（2017年現在）
　　　　　　　　　　　　　　　　月額賃料￥50,000、駐車場￥6,000／台
　　　■B洋室（12帖）×2部屋：単身・夫婦居住向き
　　　　　　　　　　　　　　　　流し台・トイレ既設、厨房設備の後付も可能
　　　　　　　　　　　　　　　　外部より直接出入り可能
　　　　　　　　　　　　　　　　冷暖房空調機は各室有り、1室は床暖房も有り。
　　　　　　　　　　　　　　　　専用駐車スペース有り
　　　　　　　　　　　　　　　　想定賃料（2017年現在）
　　　　　　　　　　　　　　　　月額家賃￥80,000、駐車場￥6,000／台
　　　■店舗・オフィス付住宅：A＋B
　　　　　　　　　　　　　　　　想定賃料（2017年現在）￥130,000／月

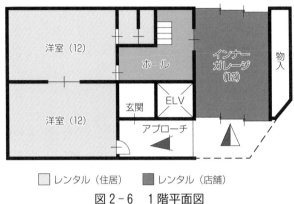

図2-6　1階平面図

（3）敷地全体を有効活用する取り組み

　敷地全体の面積は約 220 坪（約 726 m²）、比較的余裕のある設計が可能である。また接道面が広くて使いやすい形状だからA棟の南側に収益スペースのための来客専用駐車スペースも確保できる。B棟は貸店舗であり、同じテナント（食品販売）が 25 年前から使っている。このB棟からも安定的に家賃が入っている（図2-7）。

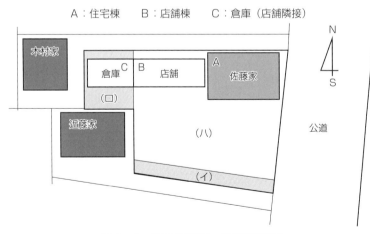

図2-7　敷地利用図・建物配置図

将来の敷地有効活用の計画

（イ）近藤家に駐車スペースとして賃貸借契約を結ぶ。

　近藤家の敷地も旗竿形状で通路の幅員は2ｍ、クルマの出入りも不便な様子、そこで佐藤家の敷地南側（イ）の部分をクルマ数台分の駐車スペースとして貸す。近藤家も現在契約している他の有料駐車場契約が解約できる。

（ロ）木村家に、C棟と（ロ）の土地を賃貸する。

　木村家の敷地も、近藤家と同様の旗竿形状であり、さらにそのスパンも長く不便である。通路側には佐藤家の建物が近接しているため、土地の譲渡はできないが、（ロ）の土地を木村家に貸せば、木村家は敷地内で駐車や方向転換もできる。そして、他の場所の有料駐車場を解約できる。この（ロ）の土地には、店舗の商品を納める倉庫の部分だが、賃貸する段には、そのまま車庫・物置として使うか、解体して更地として貸せる。佐藤家とすれば、（イ）と（ロ）の土地を売却するのではなくて、それぞれに駐車スペースとして賃貸借契約を結ぶ。土地の売却ではないから、不動産譲渡所得の税務申告なども不要であり、駐車場契約は簡便な点もメリットとなる。

（ハ）駐車場

　（ハ）は店舗と自宅の兼用駐車場（13台）として利用している。

3　事例　居住福祉を紡ぐ「シェアハウス」

　世帯主（家主）が退職する頃には子どもたちも独立して出てしまうと、2階の部屋が空くこともある。近頃普及しているホームエレベーターを増設する方法で、家主が2階に住んで、1階部分を子育て世帯に貸すことも可能になる。高齢者の住まいを他の人とシェアする試み（部屋貸し・間貸し）は、高齢者だけの家にならない防犯効果とコミュニケーション効果、家賃収入も得られる経済的果実など「居住福祉的効果」をもたらす（紡ぐ）ことになる。こうした取り組みを、著者は個人の自助的な居住福祉プラン（個人型リバースモーゲージ・プラン）の1つとして推奨している。

　図2-8・図2-9は、茨城県つくば市内にあるモデルハウス（木造2階建）の平面図（1・2階）である。この住宅は主に北米からの輸入建材を使っていて、

図2-8　1階平面図

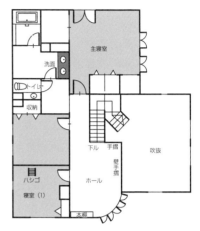

図2-9　2階平面図

インターナショナル・デザインである。欧米の平均的な住宅では、玄関ホールとリビングが連続していたり、2階の天井にまで吹き抜けていて、親しい友人たちと楽しむホームパーティではこの玄関ホールとリビングのスペースが重宝されている。こうしたデザインの住宅ならば、シェアハウス（間貸し・部屋貸し）としても人気を博するだろう。

　このモデルハウスには、シェアハウスへの転用がスムーズに運びそうなポイントがいくつか見つけられる。まず1階の玄関と連続した広い吹き抜けのリビングの解放感、階段をそこの中央に配している、2階の大小3つの部屋と共用スペースの配置関係が適当、などの点である。この間取りならば、シェアハウスに必要なプライバシーの確保とアットホームな居心地の良さの両方を満喫することができそうである。そうした場合は、1階の玄関左側のガレージは家主（オーナー夫妻）の居室に改装すればいい。クルマもシェアリングすれば、さらに合理的である。また、このモデルハウスの外観がクラシカルデザインである点も経過年数を感じさせないアドバンテージとなっている。住んでいる家が、老後資金を生み出せる（稼げる）、あるいは生活資金を死後一括返済で借り受けるローン（リバースモーゲージ）の原資となるならば、その家は「居住福祉を紡ぐ家」であると評価できる。

4　事例　「二地域居住」のすすめ

　日本人の高齢化が問題視されるのは、1つに、生活の自立性の喪失にある。加齢によって心身ともに自立能力が失われてきた高齢者には、家族の支えや公的サービスの給付が生存権的に必要となってくる。最近取り沙汰されているコンパクトシティの構想は、その公的給付の効率化・集約化から始まっている。コンパクトシティとは生活圏の集中化であり、分散している公的インフラの集約化にもつながる。人の数が減っている社会では、人の暮らしも分散・散住から集中・集住へと替わるのが自然なことかもしれない。そうなると、近い将来、一定年齢に達したら、生活支援サービス機能を備えた居住区（コンパクトシティ）に移り住む、あるいは回帰することを織り込んだライフスタイル（暮らし方）が定着するのかもしれない。

　欧米社会では、退職したらシニア・コミュニティに自主的に入所してそこで暮らすライフスタイルが定着している。長命化とともに、老人向け施設で過ごす高齢者は増えてきている。こうした動向に着目して老人向け施設の不動産投資信託（REAT）市場が形成されつつある。長寿社会では"住まいは三遷"するのが当たり前になる。"住まい三遷"とは、誕生・生育した家、現役時代の家、退職後は共住型の家（シニア・コミュニティ）と、大きくは3度住み替えるライフスタイルを表した言葉として著者は使っている。高齢期をシニア・コミュニティで過ごす生活スタイルが定着すれば、家族の長期間にわたる介護負担も軽減できるなど、その副次的な効果は大きい。

　アメリカ人は、職場の都合で住まいも替わる。だからリタイア後に備えて気候の温暖な地域にもう1軒、住宅（セカンダリーハウス）を持ちたがる。政府も、居住用資産（住宅）ならば2軒までは税法上の優遇措置（譲渡益課税の減免）を講じながらセカンダリーハウスの需要も支えている。ちなみにアメリカの場合は、他の先進諸国と同様に、住宅関連の消費税は一部を除いて非課税である。

　アメリカ人が住宅を購入してそこに居住する、セカンダリーハウスも購入する、それらを売却する、そうした場合の租税負担は日本人に比べたらはるかに軽減されている。アメリカの中古住宅の取引が活発である理由の1つは、"買

いやすい”、“売りやすい”住宅税制だからである。

　日本でも、総務省が「二地域居住」のライフスタイルを促進しようとして、2005（平成 17 年）年に意識調査（内閣府資料）を行っている。その調査によると、都市生活者で二地域居住への願望が最も強いのは 50 代であり、その半分近くを占めている。東日本大震災後、首都直下地震を想定した動きが活発化しているのだが、被災時の避難先として別の地域にもう 1 軒の住宅（セカンダリーハウス）を持つことを真剣に検討するべきであろう。

　また、前述したコンパクトシティ構想などの補完的な取り組みとして、周辺への分散化も並行して検討されるべきである。都市と田舎の、居住のハイブリッドモデルを広く示し、支援するべき時である。退職後は都市部の住まいを流動化（現金化）して、地方のセカンダリーハウスに住み替えする選択は、人口減少に悩む地方にとっても僥倖となる。

　大きな家を一軒持つよりも、小さな家（コンパクトハウス）を 2 軒持って、2 地域に居住するハイブリッドなライフスタイルは子育て世代にとっても魅力的なはずである。親子の 2 世帯で取り組むならば、より充実した居住福祉的な効果が期待できるし、介護や相続の問題もスムーズに運ぶことだろう。

　ロシアには、19 世紀頃から田舎に別荘的なダーチャと呼ばれるセカンダリーハウスが庶民レベルでも普及・定着している。夏を迎えると、都市に住む人たちはこぞって大自然の中にあるダーチャに繰り出す。日常から離れて畑を耕し収穫を味わうライフスタイルはロシア人の生活のクオリティ（QOL）を高めている。

5　「民泊」は年金化のニューモデル

　2018（平成 30）年 6 月 15 日から、住宅宿泊事業法（民泊法）が施行された。

　民泊法では、一般住宅の空き部屋や空き家を有料で旅行者に貸し出す「民泊」のルールを定めている。空き家対策以前に、外国観光客の宿泊施設の不足が問題となり、丁度、空き家の増加も問題化している折から、政府は民泊を打ち出した。旅館業法に規定されている民泊（簡易宿所）や特区民泊の建物は、「ホテル又は旅館等」だが、民泊法の建物は「住宅」であり、住居専用地域内

でも営業できる。しかしマンションの場合は、その管理規約で民泊が規制されていれば営業できない。また民泊の場合は、年間の営業日数が180日までと上限が定められている。

　民泊の施設としては、「家主居住型」と「家主不在型」の2種類がある。本書で取り上げている「住まいの年金化」、あるいは「稼げる家」を想定して民泊を営む場合は、住民登録している家、すなわち自分が居住している住まいに宿泊させるから「家主居住型民泊」となる。

　自治体によっては、独自の条例を以ってさらに細かく規制している。民泊は一般住宅を使っての営業となるから、近隣住民からの苦情も少なくない。夜中の騒音が迷惑、ゴミの出し方が間違っている、近所を汚す行為等々の苦情が多いようである。

　持家高齢者が民泊を営業する場合は、民泊の仲介業者や管理業者との契約なども検討しながら宿泊客の管理・対応には万全を期しておきたい。民泊利用者数のランキングでは、東京、北海道、大阪が上位であり、観光客が大半である。また最近の観光客のトレンドは、モノ消費からコト消費にシフトしてきている。そこで、民泊を誘客の柱にしようと、自治体も取り組み始めている。

　アメリカでも、場所によっては、ホテルなどの宿泊施設がまったくない。また、そうした辺鄙な場所には教育施設が多い。アメリカ国内の父兄も、留学生の家族も、子どもの学校のイベント（入学や卒業式）に参加するときは宿泊先を探すのに一苦労する。日本の大学は、地方にあったとしても、近くにはコンビニエンス・ストアやビジネスホテルが当たり前にある。

　アメリカの総合大学の中には、キャンパスの内に、大学が経営しているホテルや有料駐車場があり、父兄や学会関係者など来訪者の便益を図っている。そうした大学には、必ず観光ホテル学部があったりして、教授も学生もホテルの経営に携わっている。

　またアメリカの高校の場合も、その立地条件は千差万別、市街地の商業ビルの中にもあるが、まったく公共交通手段のない遠隔地にもある。そうした不便な環境にある高校や大学は、原則、全寮制であり、海外からの留学生も積極的に受け入れている。しかし、その付近に来訪者のための宿泊施設は探しても少ない。キャンパス内の教職員用の住宅に居住している教員は、年に数回訪れる

留学生の家族の宿泊先として、その住まいの空き部屋を提供し食事も用意する。来訪者は食事など実費負担となるから民泊であり、教員世帯にとっては臨時収入にもなる。キャンパスの周囲にゴルフ場を隣接させて、近隣の住民や来訪者を会員にしながら営業している高校も知っている。

　そうした辺鄙な場所では、退職した教師が自宅の一部を使って民泊を営業したりしている。

　著者も、80代の元教員夫妻が経営しているビー・アンド・ビー（B&B；Bed & Breakfast）に一泊した経験がある。家庭用だが清潔なベッド、手入れがいき届いたバスルーム、シンプルな朝食（コーヒー・ミルクと食パン）だけだが、学校にイベントがあるときは早めの予約が必要になる。入学式や卒業式などの時期は数年先まで予約が埋まっているらしい。

　B&Bは、日本の民宿風であり、一般住宅の空き部屋を改造した程度の造りが多く、料金もアフォーダブルでアットホームな雰囲気も味わえることから個人旅行者には人気がある。

　老後、その住まいの空き部屋を収益化（Monetize）させる民泊は、本書のテーマである「住まいの年金化」の1つのプランといえる。使わなくなった空き部屋を取り壊して減築するケースもあるが、逆に空き部屋を改造して、あるいはインナー・ガレージを部屋に改造して民泊を始める収益化プランも検討に値する。老後に、在宅で自立生活が難しくなって「協住の家」[1]に移り住んだ、

図2-10　夫妻のB&B

あるいはケア付き老人施設に入所した。その場合に空き家になった住まいを貸家にする、あるいは民泊にする取り組みはすべて「住まいの年金化」プランとなる。

　最後に付け加える点とすれば、空き部屋を自らの手で改造する（オーナービルド）、そうすれば民泊のコスパはさらに高くなる。民泊の改造資金向けに、リ

1）「協住の家」：血縁でない疑似家族が同一世帯で居住する生活モデルの意であり、多世代混住型自立生活協同体の総称。特定非営利活動法人リバースモーゲージ推進機構が商標権を保有している。

バースモーゲージ型民泊ローン、
すなわち死後一括返済方式の民泊
改造資金のローン商品が開発され
て、その借入利息は民泊の営業経
費と認定されるならば、持家高齢
者にとっては好都合なことだが
……。

図 2-11　夫婦と著者（左）

第3章　百歳社会の「住まい創り」

1　「住まい」のコスト・パフォーマンス

世界一高額な日本の家

　日本の政治経済や教育文化には、かつてない種類の変化が起きている。逆に、最も変化していないのは、人々の生活感や価値観かもしれない。日本人の使い捨ての消費性向は改まりそうもない。使い捨ては、すなわち次との交換となり、買い替えにつながる。習慣的な使い捨ては、頻繁な買い替えにつながり、企業には価格競争をもたらす。企業はつねにモデルチェンジに明け暮れ、疲れて使い捨て商品を開発して低価格化に走る。その結果、日本中に、大量生産、大量消費、大量廃棄の連鎖が起こり、使い捨て経済が自給自足経済に取って代わっていく。

　日本の消費文化を、"モッタイナイ"文化とする評価もあったが、実は"使い捨て"文化なのである。日本が世界でも突出した大量生産・大量廃棄の国だと断じる証左として、身近なコンビニエンス・ストアが好例である。全国に展開する5万5000余のコンビニ店舗では、膨大な食品が、365日、日夜休むことなく、製造所から配送センターに集められ、そこから各店舗に配送、陳列、賞味期限直前で廃棄されていく。各店舗の廃棄食品は平均すると一日数万円、その廃棄が5万5000店舗で繰り返されている。こうした大量廃棄は、需要をはるかに上回る過剰な商品陳列（供給）が原因なのだが、各フランチャイザーは競合相手との牽制のジレンマにはまって不毛な売上戦争から離脱できないでいる。

　同じような現象が住宅市場にもみえる。需要層となる若い世代の人口が減少してきているのに、住宅着工件数の方は更新している。国土交通省が発表した

建築着工統計調査によると、2016年の新設住宅着工戸数は前年に比べて6.4%増えて96万7237戸となり、2年連続で増加した。2013年（98万25戸）以来3年ぶりの高水準であり、イレギュラーな動きとしてアパート（貸家）の建設ラッシュがある。改正相続税が引き金となって、地域の入居需要を度外視したアパートの過剰供給であり、ひいては空き家問題にもつながる不毛な経済活動といえる。

　全国的な空き家増加が問題視されて、2015年、空き家対策特別措置法（空き家法）が制定された。買い手も住み手も見付からない空き家は、早晩取り壊される運命にある。政府も、中古住宅取引を活発化させようと、修繕履歴の公開とか瑕疵保証制度なども講じているが、いずれも見当外れである。築後40〜50年経った家はさっさと取り壊して、また新しく建てればいいとする"スクラップ＆ビルド"の風潮は、とどのつまり、"家の使い捨て"であり、その勢いは衰えをみせない。

　政府は、税法を以って家の新築を促し、必要のない貸家の建設を誘発させている。その結果として住宅資産の持続継続性（サスティナビリティ）を著しく低下させている。

　こうした展開を、クルマの市場で考えると理解が早い。高級車を購入して、何年か使用した、次の買い替え時の下取り価格が理不尽なほど低かったら、消費者は次も高級車を買うだろうか。その問題に気付いた自動車メーカー各社は、自ら下取り車を整備し保証をつけて再販し、自社ブランドのリユース市場の安定化を図っている。下取り価格の低下を支えて次の新車の売上につなげたいからである。同様の取り組みが住宅市場にも構築されれば、中古住宅ストックの流通性も改善され価格も安定化に向かうはずである。最近、こうした営業を始めた大手企業もあると聞く。

　いまひとつ、"スクラップ＆ビルド"がもたらす深刻な問題がある。それは日本の平均的家屋の寿命が築後40〜50年なのに、日本の住宅価格は世界的にも高額な点である（表3-1参照）。

　日本の住宅寿命をアメリカの半分以下として計算すると、日米比較においては、日本の住宅価格の年収倍率は実に13倍となる。

　住宅価格の国際比較（表3-1）が示唆する教訓は実に多岐にわたる。日本人

表3-1　住宅価格の年収倍率

国　名	年	単　位	新築住宅価格（A）	世帯年収（B）	倍（A/B）
アメリカ	2015	ド　ル	299,000	66,775	4.48
イギリス	2016	ポンド	236,000	41,545	5.68
ドイツ	2006	ユーロ	145,688	41,868	3.48
日　本	2015	円	4,618	709	6.51

資料：国土交通省『住宅経済データ集』(2016)。

が繰り返してきた“スクラップ＆ビルド”の風潮も官民挙げて正すべき問題だと教えられる。ちなみに、住宅寿命を、アメリカ60年、イギリス100年、ドイツ80年、日本が30年とした資料もある。日本の住宅の短命さを考えるとき、リバースモーゲージが土地だけの担保評価とする理由がみえてくる。こうした実態を憂慮して、改善する方向に制度改革を進めるか、そのまま容認、追随する制度としておくのか、政府の政策的見解が問われている。

　高額な住宅価格は、世帯の家計を20〜30年間、圧迫し続ける要因となり、家族の時間的余裕を奪い、生活のクオリティ（QOL）を著しく引き下げる直截的圧力となる。住宅費の負担で、夫婦の共働きが増える、出生率が下がる、老後は住宅ローン破綻等々、高額な住宅価格の影響は多岐にわたり深刻である。既存（中古）住宅について、その再評価や融資の仕組み、住宅税制の見直し等々、官民挙げて取り組むべき課題である。

　明治安田生命の調査によると、子どものいる男女の9割が「3人目は難しい」と考えている。その理由は生活費や教育費など経済的問題であった。子育てに足りないとする金額は月額平均2万7000円と捕捉されている。家計の住宅関連費の負担が国勢にも及んで影響しているとは憂慮すべき事態である。

　高額な住宅価格が惹起するいまひとつの問題は、住宅寿命の短さにある。住宅ローンを払い終わった頃に迎える老後の住み替えの問題である。老朽化が激しい、あるいは生活が不便な場所にある高齢者の家には、次の買い手がいない、借り手（住み手）もいない、だから地方に空き家や空き地が増えている。そうした不動産に対しても従来どおりの固定資産税を課税する税制も改めて俎上に載せるべき問題といえる。

テラスハウスのすすめ

　マンションは、上下左右に他人が住む構造のため、プライバシーの保護が弱い、ベランダだけで庭がない。テラスハウスは、上下階に他人がいない、並列横長の配置だから2面、3面が解放されている、双方のプライバシーが保護される、小さくても庭が付いている。戸建住宅の場合は、プライバシーは万全だが、敷地の管理がやっかい、敷地の保有コストの負担も大きい。テラスハウスならば土地の保有コストがシェアできる。またテラスハウスは庭付き（庭続き）だから外部との一体感や開放感があって快適である。

　こうした比較では、テラスハウスは、マンションと戸建住宅のそれぞれのマイナス条件がない、あるいは軽減される構造や配置と評価できる。

　図3-1は、テラスハウスの住み手（家族）の年代の変化と用途の変更を示している。

　まず、土地を購入した。そこに建てるのは、夫婦だけの居住空間をデザインした小住宅（2LDK）のAである。次に、夫婦に子どもができたら、右側に子ども部屋も考えたBを増築する。子育ても終わった、そして子どもも巣立っていった。とうとう夫婦だけの世帯になった。

　そこから先は、増築部分Bのスペースを誰かにレンタルして家賃を稼ぐことに決めていた。借りてもらうなら、近くにお勤めの若夫婦がいい、あるいは夫婦の親しい友人が独りで住んでいるから、隣に引っ越してくるように誘ってみようか、そんな話を夫婦でしている。

　このステップ・バイ・ステップの建築計画のメリットについて考えてみよう。

　最初に建てる家が小住宅ならば建築費も少ない。だから所得倍率も手頃感があり、精神的にも余裕がある。建築費が低い分、家計にも余裕が生まれる。

　土地を購入するに先立って、その家計の余力を計算した上で、土地は、好立地で、できるだけ広めの土地を購入する。敷地に平面的な余裕があれば、テラ

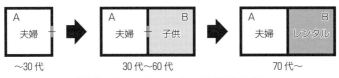

図3-1　テラスハウスは稼げる家

スハウスを段階的に増築していける。

　段階的に増築する方法は、また周辺状況の変化を見ながらデザインなどを検討できる点もメリットになる。この方法が、将来、住まいを「稼げる家」にもするし、その資産価値を維持継続させる効果も期待できる。自分の手で増築するオーナービルド方式ならば、なおさら面白い。

　図3-1のプランは、同じ敷地に2軒の平屋の家がつながって建てられる連棟式のテラスハウスをイメージしている。敷地の中の配置も、将来、2軒を連棟で建てる予定で決めなければならない。Bの部分の構造や間取りは、1軒の家の空き部屋を借りる「間借り」といったイメージではなくて、将来のレンタルを想定した、性能、機能、デザインの「独立した居住スペース」として建築するとスマートである。

　平屋のテラスハウスのメリットを以下のように整理できる。

　(1)　将来の増改築やメンテナンスがイージーで工事費も少なくて済む（工事用足場の費用が少ない、脚立や梯子を使って自分でもできるなど）。
　(2)　子育て時代も敷地とのフラットなつながりが安全だし空間的にも快適。
　(3)　高齢者にとっても家の中に階段がなくて安全で安心。
　(4)　長期的には、2階建よりも平屋の方が建物や設備系の劣化が少ない。

2　スモール・イズ・ベスト

グローイング・ハウス──小さく建てて増築、最後は稼げる家──

　住宅を建てようとする段階で、将来のライフステージを想定しながら、そのデザイン（性能・機能・間取り・構造）の合理性や可変性、持続可能性（サスティナビリティ）などについて考えを十分に巡らしておかなければならない。

　本書では、「最初の家」を建てる（購入する）とき、次のポイントの検討を勧めたい。

　(1)　当初は、まず小さく建てる（必要最小限度）。
　(2)　家族の変化や資金的余裕に応じて増改築する。
　(3)　将来の収益化（家賃収入）プランも想定する。

　(4)　老後の生活設計 (建て替え・住み替え・リバースモーゲージなど) も想定する。

　上記の (1) は、初期投資 (建設費) を少なくするためである。建設費を抑えると、① 借入 (ローン) が少ない、② その分、家計に余裕が生まれる、③ 将来、転売する場合でも低価格で売りに出せるから買い手がつきやすい (足が速い)、などの点を想定されている。

　最近では建設廃棄物の処理費用も嵩むことから、将来の解体工事費も相当な負担になる。必要以上の規模や構造は、建築するにも、解体するにも余計な資金的負担が生じる。適正規模と適正技術がサスティナビリティのキー・コンセプトとなる。

　(2) は、建築するにも、家族の変化 (人数、年齢、健康など) に応じて段階的に増築・改築するステップアップ・プランの方が合理的である。当面不要なスペースの負担をなくす、将来の新しい技術や建築資材の進歩も享受できる、また法制度上の恩典も期待できるかもしれない。

　(3) は、将来、住まいの一部を賃貸 (シェア) する、あるいは一棟を賃貸する場合も想定したデザイン (構造・規模) にする。最初から「稼げる家」にするのか、途中から「稼げる家」にするのか、なども検討する。周辺地域の変化や住宅市場の動向などにも関心を持つことで方法や時期が決まる。

　(4) は、現金収入が失われる高齢期に起居している住まいの、建て替え、住み替え、交換、賃貸、売却など多面的な資産活用のスキームについても研究しておくことは「転ばぬ先の杖」ともなる心得である。

　“家は小さく、土地は大きく”の方が住宅ストックとしての市場評価も高い場合がある。家屋が小さいと敷地にスペース的余裕があるから増改築するにも容易であり、逆のケースでは買い手がつきにくい。中古住宅ストックの売買取引が往々にして更地売買に転じるのはこうした事情がある。金融機関から借入する場合の担保評価 (担保力) でも同じことがいえる。

　以上の取り組みが、著者が推奨するグローイング・ハウス (Growing house) のコンセプトである。

　次の図3-2は、「土地を購入して、そこに家を建てるのだが、将来を見据え

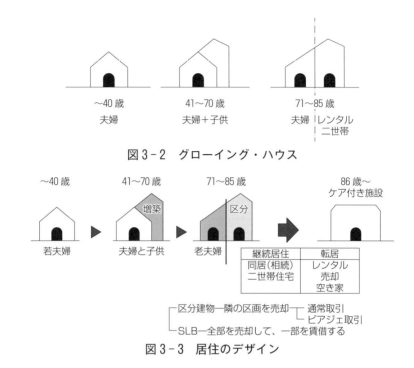

図3-2　グローイング・ハウス

図3-3　居住のデザイン

た、段階的な想定に基づいて建築する」イメージを示している。

　最初に建てる家は、まず必要最小限度のコンパクトな家、やがて家族が増え
てきて増築する、子どもたちが巣立った後は夫婦だけの家になる、そのときは
その一部を賃貸させて「稼げる家」とする。すなわち、「住まいを年金化する」
段階的な経過を説明した図である。

　図3-3では、子ども部屋を増築するとき、既存の部分との境の壁（界壁）を、
通常の間仕切壁とは構造的にまったく別の堅牢な壁（自立できる）を造る。最後
に夫婦だけになったとき、賃貸もできるし、区分建物として売却も可能な構造
となるからである。老後の生活が自立できなくなる、あるいは老々介護、認々
介護となったときは、夫婦で、あるいは片方が、施設に入所する場合も想定し
ている構想である。残念ながら、百歳社会では荒唐無稽な話ではない。

　最後に「住まい」の重要なチェックポイントを挙げておこう。

　住まいの資産価値を考えるとき、その場所・環境条件（ロケーション）は最も

重要なチェックポイントであり、住まいのサスティナビリティを左右する鍵となる。中古住宅の場合は、マンションと違って、建物の市場取引評価は築後20年辺りを境に大きく減額されるから、土地の評価が取引額の大半を構成する。宅地としての資産価値を保持する最低限度必要な条件とすると、安全性（地盤・地層、自然災害や災害履歴）、生活環境としての立地条件（生活利便性や将来性）、行政能力（災害対応能力なども）であり、その生存権的必要性については東日本大震災の経験が傍証となる。その他に生活環境のチェック項目として、行政サービスのクオリティ、託児所・保育園、学校、文化施設、介護系施設、医療施設、交通網など社会的インフラの充実、それらの住民負担などが挙げられる。こうした居住環境の可視的、非可視的な価値効用が住宅需要を形成する条件となっている。また地域の雇用（企業）の安定性や将来性も、住宅資産のサスティナビリティの重要な形成要件である。さらに住民の世代構成も将来像を描くファクターとなる。住宅地としてのサスティナビリティには、同世代だけの集住よりも多世代混住の住民構成の方が望ましく、世代間の循環性や継続性が育まれるからである。社会経済はつねに流動的であり、人もつねに変化している。居住福祉の基盤である住まいの役割や期待も変化して当たり前である。

オーナービルドのすすめ

　欧米社会に伝統的なオーナービルド（Owner-build）方式で住まいを建築すれば、時間（工期）は要するがリーズナブルでアフォーダブルな住まいが手に入る。タダ同然の中古住宅ストックを購入して、自分の手でリノベーションを施しながら転売を重ねていく、ついには巨額の富を築いたサクセス・ストーリーは海外では枚挙に暇なしである。[1]　欧米社会では、日本と違って、住まいは不動産投資の対象であり、そうした環境も成熟している。

　例えば、書店やスーパーマーケットで販売されている「小住宅」の間取図を掲載する雑誌がある。その雑誌の中のデザイン（間取り）を選んで、確認申請に必要な図面一式をネット上で発注できる。もちろん、オリジナル・デザイン

1) Weir, Sam & Weir, Mary, *How We Made A Million Dollars Recycling Great Old Houses*, NTC/Contemporary Publishing, 1979.

にも対応しながらオーナービルダー市場を支えている²⁾。

　また、アメリカでは、オーナービルダーに対しても、建設業許可委員会
(Contractor's State License Board) が損害賠償保険の加入など一定の法的責任と義
務を課している。オーナービルダー向けの保険商品は、建設中の物的リスクと
人的リスクに対応したモデルが一般的である。予めリスクを想定し対応させる
ことで、オーナービルドのコスト（時間と資金）を節約し、同時にプロジェクト
全体のセキュリティまでキープしようとする試みである。

　欧米社会では、住まいの修理修繕は DIY（Do It Yourself）が常識である。
オーストラリア人の女性から、大工仕事ができない男は結婚できないと聞かさ
れたことを覚えている。オーストラリアの住宅需要は極めて旺盛であり、建設
関連費はつねに高止まり、したがって住まいのメンテナンスは亭主の役目とい
うことらしい。

　日本を襲ったコロナ感染リスクは、リモートワークやオンライン商談、オン
ライン・ラーニングなど、職場と住まいの距離感と働くスタイルを見直すきっ
かけとなった。コロナ禍を機に、日本にもオーナービルダーが増えてくるかも
しれない。

スマートな小住宅
　図 3 - 4 は、アメリカの "アフォーダブル・ハウス" とも言うべき「小住宅」
である。この小住宅のデザインの特徴は、半地下階を設けてある点、そのため
に 1 階フロアーがグランド（敷地）から約 1.5 m 程度高くなっている点、玄関
の正面には階段を設えている点、屋根が切妻であり全体としてはシンプルな外
観を保持している点等々である。"シンプル・イズ・ベスト"、あるいは "シン
プル・イズ・ビューティフル" といった概念は、アメリカ人の価値観の 1 つと
して、住まいと暮らしの随所に見出すことができる。

　欧米では、土地の事情によって一律的ではないにしても、地下室や半地下室
はポピュラーである。図 3 - 4 の小住宅の場合も、設備関係や大型荷物は半地

2）この辺りの事情については、拙著『少子高齢社会のライフスタイルと住宅』（ミネル
ヴァ書房、2004 年）に詳しい。

下室に納めてしまい、居住空間を狭めないから空間的な圧迫感はない。空調や給排水設備などのメンテナンスでも作業が容易になるメリットがある。地下室には、最初から軽便な荷物用電動リフトを設けておくと重量物などを搬入・搬出する際は便利である。正面の玄関は高さがあるから、階段を何段も昇る必要がある。しかし、この

図3-4　平均的な小住宅
著者撮影

高さのおかげで、玄関の出入りが道路や通りから見えるし、隣家からの視界にも入ることから防犯面でも優れている。将来、住人が高齢になったとき、あるいは足腰が弱って歩行が不自由になったときは、家の側面に緩いスロープを作って出入りすれば問題は解消される。

　写真で見る限りは、敷地の外周には堅固な柵（フェンス）やブロック塀は巡らされていない。簡単な板囲いと植栽があり、歩道との境界から1.5mほど後退させているのはこの地域の建築協定なのかもしれないが、空間的なつながりや広がりが感じられて好感が持てる。すなわちデザイン（設計）が、この小住宅の実用的な価値を高めている。

　2016年9月2日、全米住宅建設協会（NAHB；National Association Home Builders）は、「マクマンション（McMansion）の時代は終わった。消費者はスモールサイズのタウンハウスやスモールハウスに向かっている」とコメントしている。[3]マクマンションとは、1980年代初頭から、アメリカ各地の郊外住宅地に建てられるようになったモデルの1つである。マクマンションとは、すなわち"大きめの家"であり、その高圧的な外観が、軽佻浮薄、品がない、ただ大きいだけ、さらにコミュニティの品位を下げてしまう劣悪なデザイン、などと酷評されている。マクマンションのデザインは、大きめの屋根を連ねた邸宅

3）National Association Home Builders, *Appeal of McMansions shrinks nationwide*, September 02, 2016.

風の外観が"売り"であり、成金趣味だと嫌悪感を抱く層の不評を買ったのである。アメリカ西海岸をクルマで移動すると、マクマンションばかりが建ち並んでいる新興住宅地を何カ所も見ることができる。

　しかし住宅バブル期に粗製・乱売されたマクマンションも、2006年頃から値崩れが始まり、買い手市場に転じた。2008年に入ると、銀行の貸金回収のための競売物件が大量に市場に出回った。マクマンションばかりが建っているコミュニティでは、住宅ローンの滞納や失業して転居を余儀なくされた住民が出て行き、ほぼ半分が空き家と化したコミュニティは珍しくなかった。そうした事態には理由がある。マクマンションの購入者の大半がいわゆる中間層であり、当時のアメリカ経済の崩壊で彼らの経済力も急激に低下したからである。その中間層が思い切って背伸びして購入したのがマクマンションであり、不必要な大きさ、材料はチープなのに外観だけはゴージャスなデザインも不評の原因となっていた。前述している点だが、適正規模と適正技術、適正価格、これらの要素が資産価値のサスティナビリティを形成する要素だと、改めてマクマンションから学ぶことができる。

　またNAHBは、全米の住宅市場の展望を次のように報じている。

　「われわれ建設業界は、長年にわたって、大型家具の購入者を対象とした大きな家を販売してきたが、180度、方向転換して、"エントリー・レベルの住宅"、あるいは"やや小さめな住宅"に向かい始めている。また新築住宅の床面積も、2016年度第2四半期には約3％減少した。一方、タウンハウスの建設は、第2四半期までに過去1年間で25％のスピードで増加している。通常の戸建住宅よりも小さくて、建設コストも低い新しいタウンハウスは、現在、受注全体の約13％を占めており、2008年以来最高となっている。こうした傾向は偶発的ではなく、今後も続くだろうと予測している。消費者の多くは、とりわけ子供を持つ家族は、街中や高額の家ではなくて、郊外にあるタウンハウスやエントリー・レベルの独立した住宅で子育てを希望している」。

　アメリカでベストセラーとなった"The Not So Big House"の著者スサンカ、サラ氏（Susanka, Sara）は、"大きくない家"の魅力について、次のように語っている。

　「天井にしても、必要以上に高くすることはない。スペースも必要な広さだ

けあれば、あとは余計だ。広すぎる空間には充足感が感じられない（Too much space, too little substance）。小さな家でも、空間的な広がり（spacious）や家の外とのつながり（expansive）が感じられるデザインがいい」。

またスサンカ氏は、人々に、これまでのシンボリックなアメリカンホームについて新しい視線を当てることを勧めている。"大きくない家"の、量感（quantity）ではなくて、むしろ質感（quality）をより大切にするべきだとも指摘している。

さらに、スサンカ氏は、"大きくない家（Not Big So House）"について、「ハイレベルなディティールや、現代のライフスタイルにマッチしたフロアー・デザインで以って、空間の中の家具、床と壁、窓と天井、これらのバランスがさりげなく自然であり、心地よい居住空間を体現してくれるサイズの家」と定義している。スサンカの説く居住空間は、"大きいだけで虚構の家"とも評すべきマクマンションの対極に位置付けられる。スサンカの"大きくない家"のコンセプトは、実は日本の伝統的な和風住宅にも通底するものである。

小住宅の価値効用

図3-5は、3種類の要素で構成されている「住まい」のホーム・ダイアグラム（Home Diagram）である。空間的効用とは、居住する上で必要な性能、機能、そしてデザインを指している。小住宅は、全体的な広さでは小規模だが、それが省エネや省資源にも貢献する家屋であり、敷地に家屋が占める面積比率（建蔽率）や家屋全体の容積比率（容積率）においても余裕が生まれる。

敷地の余裕は、売却する場合は買い手を見付けやすい利点となる。すなわち流通性が高い住宅、換金性が高い住宅ということになる。買い手の立場で考えると、買い手の居住スタイルに適応するために増築できる余裕が敷地に残されているという価値になる。また敷地内に増築する場合でも、既

図3-5 ホーム・ダイアグラム（Home Diagram）

出所：住宅資産研究所作成。

存の家に住みながら工事できる便利さがある。

　小住宅の場合は、その建築費もミニマムであり、したがって住宅ローンなどの借入れも少ない、その分、借入利息の負担も少ない、水道光熱費も少ない、固定資産税も低い等々、居住関連の経費が軽減できる。土地代は別とすれば、建築費が少ない方が、ホーム・エクイティ（家の実質資産価値＝家の評価額－借入金）の割合が増える理屈である。また売却する場合を想定してみても、住宅の資金コストが低いから売却希望額も低くなる、したがって購入層も厚くなり買い手も見付けやすい、市場における流通性や換金性が高いといった点も経済的価値となる。

　社会的環境とは、地域環境とも言い換えられるのだが、地域の生活インフラや行政サービスの充実度の他に、企業や産業など経済活動の環境条件となる。さらに重要な環境条件とすれば地域の自然環境である。自然災害の発生が予測されている場所に建つ住宅のサスティナビリティは脆弱だからである。

　アメリカの場合は、「既存住宅を売却するとき、家屋の修繕レベルよりも近隣の住民階層（signs of lower class activity）の方が重要な価格決定要素となる」と、アメリカの建築家のサロモン、シャイ氏（Salomon, Shay）が、著書 *LITTLE HOUSE ON A SMALL PLANET* のなかで指摘している。この話からも、やはり社会的環境が住まいの全体的な価値を決めるキー・ファクターだと理解できる。

　またモレッティ、エンリコ（Moretti, Enrico）氏は、著書『年収は「住むところ」で決まる』の中で、「その場所の魅力が不動産価格を左右する。快適な気候に値段は付いていない。でもアメリカ人ならその町に押し寄せて、不動産価格を吊り上げる。地域環境の評価が不動産価格を形成する。高水準の公的教育施設、治安のよさ、レストランやおしゃれなブティック等々の魅力が、実質的な貨幣価値に換算されて不動産価格にも反映する」と指摘している。

　『住まいを見直す』（1984 年）の著者である田中恒子氏は、「住まいに必要な5 つの条件」として、安全性、保険性、快適性、社会性、人格性を挙げている。この本が出版された当時の日本人の平均寿命といえば、1980（昭和 55）年でみると男 73.35 歳、女 78.76 歳、26 年後の 2016 年になると男 80.98 歳、女 87.14 歳であり、男は 7.63 歳、女は 8.38 歳も長生きになっている。団塊世代

が生まれた 1947（昭和 22）年の平均寿命は、男 50.06 歳、女 53.96 歳であった。70 歳を迎える団塊世代は、すでに生まれた当時の平均寿命に比べて 20 年長生きしており、さらにこの先 11〜18 年以上も生きる計算になる。退職年齢も、当時よりも 10 年以上は延長されているのだが、それにしても退職後の生活が延伸していることは確かである。

　したがって、住まいについても、さらに見直す必要がある。田中氏の挙げた住まいの条件のうち、安全性、保険性、快適性の 3 つについては、居住空間的価値に集約される。

　社会性については、社会的環境の範疇であろう。人格性については、住まいが人間の人格形成に深く関わっていると指摘して、生活の基盤となる住まいが子どもの養育には不可欠だと説いている。

　著者は、前述の住まいの構成で、田中氏の条件の居住福祉的価値と社会的環境の他に、さらに経済的価値も挙げて、居住福祉の家の 3 つの要素としている。この具体的な経済的価値とすれば、帰属家賃が分かりやすく、次に外部経済に対する担保価値であり、さらに売却する際の換金性価値もある。本書で取り上げている価値は、住み続けながら資金調達もする流動性価値、すなわちリバースモーゲージの利用などもその一例だが、住まいの年金化を視野に入れた経済的価値である。しかし、リバースモーゲージは住まいの資産価値を担保とする借り入れ（ローン）だから、社会環境的価値、すなわち地域経済の景況も関係する。またリバースモーゲージの利用は、住み続けながらする借り入れなので、居住空間的価値と経済的価値の 2 つの異なる価値を、同時的に、並行させながら体現するハイブリッドなスキームであり、著者が居住福祉制度と銘打つ所以である。住まいの敷地（土地）の市場相場（経済的価値）しか評価しない日本のリバースモーゲージの場合は、小住宅の方がコスパも高いし、可動性住居ともなるスマート・レジデンシャル・ユニットの方がさらに合理的である。

スマート・レジデンシャル・ユニット

　図 3-6「スマート・レジデンシャル・ユニット（SRU：Smart Residential Unit）」は、高齢期の夫婦が居住するのに必要な最小限度（ミニマム）の平面的なイメージを示している。この間取りで不十分な機能とすれば、収納スペース

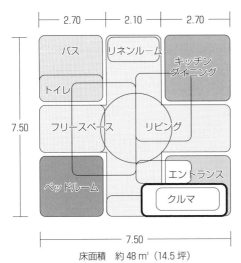

床面積　約48㎡（14.5坪）

図3-6　スマート・レジデンシャル・ユ
　　　　ニット

出所：住宅資産研究所作成。

であるが、ユニットからフラット
で行き来できるストレージを接続
する方法が便利となる。イン
ナー・ガレージにすれば、悪天候
でも乗り降りがスムーズ、電気自
動車ならば内部環境も汚染されな
い。インナー・ガレージならばク
ルマも収納できる、太陽光発電の
電力もチャージしておける、災害
時の避難にも便利である。ユニッ
トの連結で増築・減築も問題ない。
　この SRU について、前述の
「居住福祉の家」の3つの要素を
考えてみよう。
　まず居住空間効用については、
高齢者が独り、あるいは夫婦（2人）だけの世帯ならば“安全で文化的かつ快
適”に過ごせる性能・機能・デザインとなるはずである。
　経済的価値についてだが、まずユニット構造だから、組み立てと解体が容易
である。したがって移動もリユースも可能だから借地の上にも建てられて、土
地代の負担も軽減できる。なによりもユニット構造だから、工業生産によって
低コスト化できる点がメリットとなる。またユニット構造だから、搬送・移動
ができる。したがって、高齢者の住み替え需要や民泊などに対応すれば「稼げ
る家」にもなる。アメリカ人は退職すると、子どもの家の敷地内に「小住宅」
を建てて家族隣住を叶えたりする。
　「社会的環境」とは、すなわち居住環境となるのだが、生活が便利な場所に
建てれば、あるいは移動させれば、生活インフラの問題は解決できる。また複
数のユニットを点在させるクラスター型コミュニティ、あるいは連棟させれば
テラスハウスなどにもなり、アダプタブルな家となる。
　「家は土地に定着した不動産」。この常識を覆して、「土地に定着していない、
動ける（可動産）の家」がSRU だとも説明できる。SRU は、欧米で普及して

いるトレラーハウスと戸建住宅の中間的な構造と性能を備えた居住モデルであり、シニア・コミュニティなどには最適な住まいとなる。

　「小なるは美なり（Small is Beautiful）」——これは、経営革命の先駆者であり、「中間技術」の概念を打ち立てた E. F. シュマッハー博士の言葉だが、本書では「小さな家は賢い住まい（Small House is Wise Home）」と説いている。

3　60代からの「住宅ローン」

リバースモーゲージ型住宅ローン

　2009 年から、新しいタイプのリバースモーゲージ型住宅ローン商品が発売された。さらに 2017 年 5 月からはノンリコース型ローンも始まった。リバースモーゲージ型住宅ローンとは、持家を年金化するリバースモーゲージとはまったく別のローンであり、困窮高齢者世帯に対する生活資金の融資ではなくて、60 代からの住宅関連需要向けの住宅ローンである。後述しているが、大都市圏でも、オリックス銀行などは、「リ・バース 60」の信託型商品を開発し、高齢者層の住宅需要に対応している。

　「リ・バース 60」の政策的含意とすれば、老後の生活基盤となる居住環境（住まい）を整備する、抱えている住宅ローン残債の借り換え、また次世代の住宅取得資金の援助などまで想定した人生 100 年時代の住宅ローンといった位置付けである。本書のテーマとなる「ヒト」と「イエ」のタイムギャップ（時間差）で生じる問題のいくつかが解消できそうな理由は、死後一括返済のリバースモーゲージ型であり、ノンリコース型ローンだからである。

　親が、「リ・バース 60」を利用してイエを持つ。その住宅ローン（負債）を子どもが引き継ぐ、イエの負債の継承が途切れがちな親子世代の同居にもつながる。こうした展開が、「リ・バース 60」の隠れた効用だとも評価できる。とにもかくにも、「リ・バース 60」が百歳社会の終の住処を支えるスキームとなることだけは確かである。

　図 3-7 からも明らかだが、一般的な住宅ローンの場合は、融資額と返済年数などから算定される毎月の返済額は元利均等払いが一般的であり、家計の何割かを占める借入負担となる。しかし「リ・バース 60」では、生存中は毎月

図 3-7　住宅ローンの比較

の利払いだけで、元金は死後一括返済方式であり、家計に住宅関連費が占める割合は大きく軽減される。

　「リ・バース 60」の場合は、ノンリコース型ローンを選択すると、申込人本人が亡くなると借入元金の返済はその持家の代物返済で片付いてしまう、したがって空き家も残ることはない、だから相続人がいない世帯や子どもに親の家の相続意向がない場合は好都合である。

　いまひとつ、高齢者世帯が住み替えする場合でも、「リ・バース 60」を利用しながらそれまでの住まいに耐震性補強やバリアフリーなどのリフォームを施して、（一社）移住・住み替え支援機構の「マイホーム借り上げ制度」を利用すれば"稼げるイエ"になる、すなわち"住まいの年金化"に向けた取り組みとなる。

　また、「リ・バース 60」は、戸建住宅だけではなくマンションにも適用されることから、生活の利便性や移動性を終の住処の優先的条件と考える高齢者世帯にとっては関心の高いローンとなってくる。

「リ・バース 60」の概要
「リ・バース 60」の概要は下記のとおりである。

　1、ローン商品の内容については、扱う金融機関によって違いがある。
　2、利用者要件は、満 60 歳以上（主債務者、連帯債務者とも）で満 80 歳まで。満 50 歳以上満 60 歳未満を対象にした「リ・バース 50」もある。
　3、融資額限度
　　（1）住宅建設・購入で、担保評価の 50〜60％で上限 5000 万円まで。

    (2)　住宅のリフォームでは、担保評価の50〜60％で上限1500万まで。

    (3)　サービス付き高齢者向け住宅の入居一時金では、担保評価の50〜60％で上限1500万円まで。

    (4)　住宅ローンの借り換えでは、担保評価の50〜60％で1500〜5000万円まで。

4、年収による融資額の上限規定がある。年収400万円未満の場合は30％以下、年収400万円以上の場合は35％以下。

5、資金用途は以下のとおり。

    (1)　本人が居住する住宅の建設資金または購入資金。

    (2)　住宅のリフォーム資金。

    (3)　住宅ローンの借換資金。

    (4)　サービス付き高齢者向け住宅の入居一時金。

    (5)　子世帯などが居住する住宅の取得資金を借り入れるための資金。

6、融資終期は利用者の死亡。

7、融資金利は、金融機関により異なる。

8、返済方法

    元金は、死後、相続人が一括返済、担保物件（住宅および土地）の売却代金で返済する。ノンリコース型とリコース型の2つのタイプがある。担保物件の売却代金で返済後に債務が残った場合は、次のうちいずれかの取扱いとなる。

    (1)　ノンリコース型：相続人は残った債務を返済する必要がない。

    (2)　リコース型：相続人は残った債務を返済する。

9、担保（抵当権）

    (1)　融資対象住宅および土地に対して、金融機関を抵当権者とする第1順位の抵当権を設定する。

    (2)　融資対象住宅の他に本人が所有する住宅および土地（3物件まで）を共同担保とする場合でも第1順位の抵当権を設定する。

    (3)　サービス付き高齢者向け住宅の入居一時金の場合は、住み替え前の住宅および土地。子世帯などが居住する住宅の取得資金の場合は、親世帯の住宅および土地に設定する。

　　（4）融資対象住宅の他に、申込人本人が所有する住宅および土地（3
　　　　物件まで）を担保に提供する場合は、その住宅などの評価額も担
　　　　保評価額に加算できる。
　10、保証人は不要。

地方の金融機関の対応

　人口減少や核家族化、また世帯の高齢化が止まない地方にあって、新たな住宅関連の資金需要を掘り起こそうと考えた地方銀行や信用金庫が、その営業戦略の一環として扱い始めた高齢者向け住宅ローンが「リ・バース 60」である。

　総務省が発表した 2016 年の住民基本台帳人口移動報告によると、静岡県は転出が転入を上回る 6390 人の「転出超過」であり、北海道、熊本県、兵庫県などに次ぐワースト 4 位であった。

　逆に、「転入超過」の市町は、熱海市が 166 人と最も多く、掛川市 128 人、三島市 66 人、藤枝市 65 人と続いた。高齢者層の転入が多い市町には、まず新幹線駅があることから東西の都市圏からのアクセスの利便性が高い点と、温暖な気候風土が背景にある。静岡県内には新幹線の駅が 6 カ所あり、全国でも最も多いことも、県外からの転入者の増加につながっている。

　若い世代の転出と高齢者世代の転入がクロスしている静岡県の場合は、高齢者の住宅資金需要が相対的に高いことが見込まれるだけに、「リ・バース 60」の利用件数は安定的と期待できる。

　こうした背景から、静岡県内の金融機関の間に、「リ・バース 60」の取り扱いが広がっている。静岡銀行（静岡市）は 2017 年 6 月から、同年 7 月から三島信用金庫（三島市）、続いて 12 月には静清信用金庫（静岡市）と、それぞれ 2017 年度のなかで、静岡県内の 3 つの金融機関が、持家高齢者に向けた「リ・バース 60」の取り扱いを始めた。同県内の金融機関の多くが、従来の住宅ローンの扱い件数が将来的には先細り傾向になると危惧している。したがって高齢者層の長命化に備えた住宅資金需要への準備、また親世帯から子ども世帯の住宅取得費の援助などの資金需要までも取り込める「リ・バース 60」は、時宜を得たローン商品であり、その取り扱いに踏み切る金融機関は増えてくるはずである。

表3-2　「リ・バース60」の概要

融資対象者	① 60歳以上、② 営業地域内に居住、③ カウンセリング受講義務
資金使途	① 自ら、もしくは子世帯が居住する住宅の建設・取得資金 ② 居宅のリフォーム資金 ③ サービス付高齢者向け住宅の入居一時金 ④ 既存の住宅ローンの借り換え資金
融資金額	① 住宅の建設・取得資金は5000万円、その他は1500万円 ② 担保評価額の50%以内
融資終期	債務者（連帯債務者を含む）の死亡時
保証人	不要（ノンリコース型ローン）
融資金利	変動金利
返済方法	債務者及び連帯債務者の全員が死亡した時点での一括返済
利息返済	毎月利払い方式
火災保険	債務者が付保
繰上げ返済	可
住宅融資保険料	三島信用金庫の負担

　表3-2は、三島信用金庫の「リ・バース60」の概要である。

住宅融資保険の効果

　住宅金融支援機構の2019年12月の発表によると、「リ・バース60」の申請戸数は、前年同期と比べて大幅に増加している。

　リバースモーゲージは、高齢者が保有している住宅を担保にして生活資金等の融資を受け、高齢者（契約者）の死亡後に住宅を処分して一括返済する仕組みである。

　「リ・バース60」は、満60歳以上を対象に、毎月の支払いは利息のみで、元金は利用者が死亡した後に担保物件（住宅および土地）の売却などにより一括して返済する。担保物件の売却代金が残債務に満たない場合、相続人に残債務を請求する「リコース型」と、残債務を請求しない「ノンリコース型」がある。担保評価額の50%から60%まで融資が可能で、住宅の建設（建て替え）やマンション・戸建住宅の購入（住み替え）といった住宅資金使途に利用できる。また、「リ・バース60」は、取扱金融機関が同機構の「住宅融資保険」を活用す

る点が特徴となる住宅ローンであり、いわゆるリバースモーゲージ・ローンとは別の仕組みである。

「リ・バース 60」とリバースモーゲージ・ローンとの相違点は 2 つあり、1 つは融資の資金用途が違う。前者の資金用途は住宅関連に限定された融資であり、後者の用途は生活資金である。

次に、保証人の要・不要の相違点があり、前者は同機構の住宅融資保険を金融機関側が契約し、利用者には人的保証を求めない。後者はこの種の保険がないために、大半の商品が人的保証を要件に掲げている。この保証の相違によって、前者にはノンリコース型融資のタイプが選択できるが、後者にはリコース型融資しか選択肢がない。「リ・バース 60」が、リバースモーゲージ型住宅ローンと謳っているのは、両者とも、月々の利払いと、元本の方は死後一括返済方式でありその返済方法がリバースモーゲージと同じだからである。

また「リ・バース 60」の場合は、住宅取得も視野に入れた 60 代以降のイエのストックであり、リバースモーゲージの方は現在居住しているイエのキャッシュフローと区分できる仕組みの違いもある。

「リ・バース 60」は、これまでの住宅ローンの常識を覆すタイプの融資であり、人生 100 年時代の申し子ともいえる仕組みである。月々の利払いの担保となる一定の安定的収入はともかく、借入金の返済能力を問われることなく住宅関連用途の資金を借り出せる、元本は死後一括返済か担保物件による代物返済、保証人も要らないローンである。

「リ・バース 60」が使えるならば、本書でも問題視しているヒトとイエの寿命差から生じる「老後の建て替え・住み替え」の問題も、資金的な見通しとしては明るくなりそうであり、推定相続人の連帯保証も不要なノンリコース型ローンならば債務が彼らに及ぶ心配もない。

同機構の発表するところによると、2019 年 7 〜 9 月の利用実績は、表 3－3 のとおりである。

2019 年 7 〜 9 月の「リ・バース 60」の借入申込者の年齢は平均 70 歳で、年収は平均 334 万円であり、62.3％ が「年金受給者」、15.5％ が「会社員」、6.7％ が「個人経営」であった。

資金使途では、「戸建・新築」（34.1％）が最も多く、次いで「新築マンショ

表 3 - 3 「リ・バース 60」の利用実績

	2019 年 7 ～ 9 月	2018 年 7 ～ 9 月	対前年同期比
付保申請戸数	252 戸	99 戸	254.5%
付保実績戸数	168 戸	45 戸	373.3%
付保実績金額	21.4 億円	8.0 億円	267.5%
取扱金融機関数（期末累計）	56 機関	43 機関	130.2%

出所：住宅金融支援機構「「リ・バース 60」の利用実績等について（2019 年 7 月～ 9 月分）」。

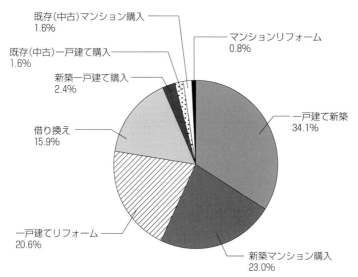

図 3 - 8 「リ・バース 60」の借入申込者の資金使途（2019 年
7 ～ 9 月に付保申請のあった案件）

出所：住宅金融支援機構 「「リ・バース 60」の利用実績等について（2019 年 7 月～ 9 月
分）」。

ン・購入」（23.0%）、「戸建リフォーム」（20.6%）の順となっている（図 3 - 8）。

　資金計画については、所要額が平均 2830 万円、融資額が平均 1559 万円、毎
月返済額が平均 3.1 万円で、利用タイプは、97.6% が「ノンリコース型」、
2.4% が「リコース型」であった。

　住宅または住宅ローンを必要とする理由として、「住宅が古い」（48%）、「住
み替え」（23%）、「借り替え」（16%）などが挙げられた。

4 事例 老後の備えと「リ・バース 60」

事例 転ばぬ先の杖──階段とホームエレベーター──

暮らしのなかには実に様々な種類の「移動」がある。

「移動」はヒトの暮らしには欠かせない要素である。家の中の階段も、やはり上下階を「移動」するための造作であり、平均的には約 3 m の落差を昇降する構造である。

「階段」については、建築基準法と消防法で必要最低限の構造的基準が規定されている程度で、建築関係者にしても格別な関心を寄せているようには思えない。しかし年々着実な日本人の長命化に照応するためには、平均的な 2 階建個人住宅の上下階をつなぐ移動手段・方法について、改めてクリエイティブな視線を当てて検討を加えるべきである。

転倒から死亡につながるケースは、すでに交通事故死を上回っている。高齢者の場合は転倒が引き金となって、寝たきり（要介護状態）に陥ったり、動けない状態から認知症を発症・進行させたりもする。そうなれば、家族にも介護の時間的、経済的負担が同時に始まる。高齢期における転倒は健全な生活を脅かす重大な事故となる。

「転倒」を社会全体の問題として捉え、その予防に取り組む社会的必要性を重くみた医師たちが、2014 年 4 月に、日本転倒予防学会を立ち上げている。

厚生労働省の人口動態統計によると、日本人の死因となる不慮の事故が挙げられているが、そのうち転倒・転落死が増加傾向にある。2012 年では 7761 人で前年比 75 人増、2000 年比で約 1500 人増えていて、減少傾向にある交通事故死（12 年 6414 人）を上回ってきている。転倒・転落死全体の 85％が 65 歳以上であり、またその 60％以上が 80 歳以上である。

働き盛りの世代においても転倒事故は少なくない。2013 年の転倒事故は約 2 万 6000 件であり、労災全体の約 2 割を占めている。[4] やはり厚生労働省の資料によると、建物内または周辺での日常生活に関連すると考えられる死因のな

4）厚生労働省 2009（平成 21）年度「不慮の事故死亡統計」。

かでは転倒・転落が圧倒的であり、その傷害の場所として、まず住居がトップ、次に工場および建築現場、道路、その他と続く。住みなれた家の中を移動するにも高齢者は転倒しやすくて、バリアフリーの必要性はいわずもがなである。2階のある住宅で生活する場合は、平屋と違って階段の利用は日常的であり、1日に何度となく繰り返される上り下りは、足腰が弱くなったり、障害を抱えている高齢者（歩行弱者）にとっては苦痛を伴うばかりか、さらに疾患を進行させる悪因ともなっていく。

　敷地も狭小な都市部では、3階建住宅も少なくなく、そのほとんどが階段を使って各階を移動している。荷物を下げながら階段を使って上下移動する生活は高齢者には肉体的な苦痛を伴うことから、生活の質（QOL）を著しく低下させてしまう。また幅も狭く屈折している階段の場合は、救急隊や消防隊などが出動する緊急時は言うまでもなく、高齢者が在宅で介護サービスなどを受ける場合でも障害となっている。

　「階段」は、建物の上下階の高低差を、一定の水平距離の中で「水平移動」しながら「垂直移動」する構造である。2つの異なった種類の「移動」を1つの動作の中で同時に行い、なおかつ片足で全体重を支える筋力を必要とする「階段」の構造は、歩行能力が劣っている歩行弱者にとってはリスキーである。その点、エレベーターならば垂直移動装置だから歩行弱者にはまさに生活必需装置とも言える文明の利器となる。

　図3-9は鉄骨造3階建の雑居ビルの最上階に居住している男性（82歳）が介護サービス（入浴サービス）を利用している様子を撮影している。使用しているバスタブなどの機材はすべて、毎回、介護スタッフが階段を使って運んでいる。

　図3-10は、車椅子使用の男性（要介護者）を介護事業所のスタッフが、階段昇降補助機を使いながら3階の居室から1階の玄関先まで移動させている様子である。

　1階と2階の間の移動（垂直移動）で起こるトラブルを解決する適切な措置・方策として、まず「家庭用のホームエレベーター」の設置が挙げられる。ホームエレベーターの構造規格は一般エレベーターに比べて緩和されていることもあって、2000年には9549台を記録している。しかし2018年には3131台と大

図 3-9　入浴介護サービス
著者撮影

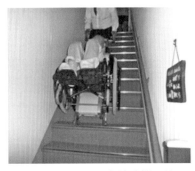

図 3-10　階段昇降補助機の使用
著者撮影

幅に設置件数が後退している背景には、マンション居住者の増加がある。

　最近、著者が関わった事例（2014 年）では、木造 2 階建住宅にホームエレベーター（3 人用）を設置する費用は新築時で約 250 万円前後であり、年間管理費は平均 6 万円程度であった。既存住宅に新たにホームエレベーターを設置しようとする場合は、新築時とは違って設置個所の補強など改造工事も必要となってくる。資金的余裕が少ない高齢者世帯にとって、その設置費用の負担は軽くない。在宅で健康な老後生活を維持するためには、ホームエレベーターもバリアフリーの装置の 1 つである。その設置についても、バリアフリー化の場合と同様に低利の融資やリバースモーゲージ・ローンの適用といった類の公的支援が必要となってくる。こうしたケースのリバースモーゲージ・ローンとすれば、ホームエレベーター設置費用の全額を一括融資して、その返済は利用者の死後、その住宅の売却代金から一括返済する方法が考えられる。またその住宅の買い手側の代位弁済を不動産取引の特約とする方法なども設置の資金的負担の軽減には有効である。

　エレベーター設置に必要な資金も、「リ・バース 60」ならば、60 代から利用できる。新築時に設置されていない住宅であっても、建物の構造的条件などの検討は必要だが、住宅改修工事によって設置できる。その際は、専門家を交えながら検討することを勧める。

　2 階建住宅の場合は、ホームエレベーターを設置することで、高齢者（家主）は 2 階に居住して 1 階部分を空ける、その 1 階部分をレンタルスペース（賃貸

用）として家賃収入（現金）を得る方法なども、著者の提唱する「個人型リバースモーゲージ[5]」のモデルとなる。

　住みなれた家にホームエレベーターを設置できたら、階段を使わずに1階と2階の2つの空間を垂直移動できるようになり、健康で文化的かつ快適そして安全に生活できる。もちろん平屋の住宅を探して住み替える方法でも階段の転倒・転落のリスクは回避できるのだが、居住環境も変わる、経済的負担もある、などから高齢者世帯には物心共に負担を伴う選択となる。高齢期の住み替え先としてマンションが優先的候補に挙げられているが、その理由の1つにエレベーター（垂直移動）の効用がある。マンションはフラットな居住空間をタテに積み重ねた構造だからである。

　静岡県伊豆半島には、80年代前後から永住型リゾートと称して、別荘地向きの自然環境でありながら一般住宅地としても生活できるような条件の分譲地が比較的多く点在している。そうした分譲地の住民の大半が団塊世代かそれ以上の高齢者世帯である。彼らが直面している生活上の問題点の1つは、日常的に直面する様々な種類の「移動」である。まず、玄関から前面道路に至るまでの間に数mの段差がある区画が多い。石段（階段）を設けてその段差を昇り降りする住宅が多い。しかし車椅子を使う人（家族）や歩行障害のある人には、この段差が外出を阻む大きなネックとなっており、買物難民化の要因となっている。住宅の玄関と道路の間に段差がある構造の住まいでは、荷物などの用途に限定されるが、小荷物専用昇降機を設置するだけでも随分楽になる。

　アメリカでは、街なかのバス停にも車椅子に座ったまま操作してバスの乗り降りできる装置（昇降機）が設置されている。日本でも屋外の1m前後の段差を車椅子に乗ったまま昇降できる装置の使用を簡便化するべきである。エレベーターによる事故を恐れるあまり、鶏を殺すのに牛刀を使うような一律的な規定は高齢化が進む日本にはすでに陳腐となり、可及的に改正するべき課題の1つである。また、政府は、一定要件の下に、新築・既存住宅を問わず、ホームエレベーター設置の支援措置をやはり俎上に載せなければならない。移動が安全で容易になることで独居や孤独死を防ぐ、転倒・転落による寝たきりや認

---

　5)「住まいの年金化」プログラム。

知症を予防できる等々、エレベーターの普及によって、健康で文化的かつ快適で安全な生活を具現化する国民福祉的効果は確実である。そして、こうした措置は、国民に居住福祉権を保障する取り組みであり、福祉社会を構築する方向でもある。[6]

　前述のように市街地の狭小土地に建つ住宅は 3 階建てが少なくない。高齢期を過ごす居住環境の安全化と快適化は、その QOL の改善に直接的に奏功する取り組みとなる。改めて「リ・バース 60」を利用してホームエレベーターの設置を勧めたい。

事例　親子 2 世帯同居を叶えた家族

　川口夫妻は、川口さんの退職（60 歳）を機に、静岡県伊豆の国市の永住型リゾート地に、戸建住宅を新築して移住してきた。しかし川口さんは、70 代後半になってからは、クルマを運転して病院や買物に行く生活がすっかり億劫になってしまった。そこで、夫婦は何度も相談した結果、1 年でも早く生活が便利な場所に住み替えようと決断した。住んでいた住まいは、築後 10 年であり、陽当たりも良い場所だったことから、買い手はすぐ見付かった。

　次に住み替える先は、長男家族（夫婦と子どもの 3 人）が住んでいる神奈川県小田原市と決めていた。長男家族が住んでいるマンションの近くに、手頃な中古住宅の売り物件を見付けた。

　川口夫妻が住み替え先として購入を決めた中古戸建住宅（築後 10 年、木造 2 階建、延べ床面積 40 坪、敷地 110 坪）の価格は 2550 万円であった。伊豆の国市の家の売却金額が 1000 万円、自己資金 800 万円を投入したとしても、750 万円が足りなかった。

　川口さんは、小田原市内の信用金庫を訪れて、最近発売された「リ・バース 60」の説明を聞きながら、利用しようと腹を決めた。

　川口さんの場合は、「リ・バース 60」を利用して不足額 750 万円を調達する。その返済については川口さんが亡くなってから代物返済するノンリコース型を

6）「健康で文化的かつ快適な生活を営む権利」の意であり、憲法第 25 条に基づいた概念として著者が提言。

選んだ。たとえば、借入の清算時に、地価が下がっていたとしても、家族に債務が及ばないからである。それまでの期間は、毎月、借入利息（利率3.5％だと2万2000円程度）を支払うだけなので、返済能力が乏しい川口さんには好都合なローンであった。

　新たに購入した住まいは、近くにはスーパーやクリニックなどもあるし、バス停も目の前といった便利な立地であった。いまひとつ、川口さんが購入を決断した理由は、敷地が広めで余裕があった点である。住まいは、川口夫妻が2人だけで住むなら1階だけでも十分なスペースであり、2階はほとんど使う必要がなかった。

　しばらくして、長男の娘（孫）が進学する高校も決まった。その高校は、川口さんの家のすぐ近くにあったことから、長男家族も川口夫妻の家に一緒に住むことになった。幸い敷地にも余裕があることから、1階に孫娘の部屋を増築しようと、目下、夫妻は検討している。

　長男は、両親に、家賃として毎月5万円を支払うことを申し出た。川口さんは、図らずも長男から毎月受け取る家賃収入のなかで毎月の利払いが捻出できた。

　川口さんが亡くなった後、ローンの借入元金を一括返済するのに住宅の売却代金で清算するのだが、長男が川口さんに代わって返済する、あるいは長男が改めて債務を引き継ぐなどの方法で、川口さんの住宅を長男が相続（負担付）する選択肢も検討できる。

　事例　「リ・バース60」とリバースモーゲージ

　日本人の平均寿命も着実に伸びていて、間もなく90代まで届きそうである。しかし、あくまでも平均寿命なので、それ以下の短命の人もいるし、それ以上に長生きする人もいる。

　家族の規模も縮小してきていることから、老後を、夫婦だけで、あるいは独りで過ごす世帯は増える傾向にある。本書の主なテーマは、老後の住まいと暮らしにある。60歳から利用できる「リ・バース60」、リバースモーゲージは65歳以上となっているが、少なくとも両者の利用には一定のタイムラグ（時間差）がある。老後の生活費を資金用途にしてリバースモーゲージを利用する場

合は、常識的には年齢的に高齢からの利用の方が借り出す金額も多めであり、担保割れのリスクも軽減する。「リ・バース60」の場合は、生活環境を整える面からすると早めの利用の方が得かもしれない。こうした事情からしても、両者にタイムラグが存在することは間違いない。

　両者は、いずれも60代からの高齢者向けの老後の住まいと暮らしのローンである。住宅ローンである「リ・バース60」は「住まい」の確保や整備、片やリバースモーゲージの資金用途は「生活費」、すなわち「暮らし」の経済的支援となる。言い換えれば、老後の「住まい」と「暮らし」を支える持家担保ローンとして、「リ・バース60」と、「リバースモーゲージ」の2つがあり、その2つのローンはノンリコース型も使えるプランもある。この2つのローンを、60代以降の「住まいと暮らし」を支える生活スキームとして——ローンは借金などと忌み嫌わずに——両者を時系列的に接続・連携させるタイミングを検討する（図3-11）。またこれらのローンを利用しながら、「持家を空き家にして残さない」など、そのローンの負担と利用することの効用について、そのコスパを検討することを勧めたい。

　大山さんは、現在65歳、小田原市（神奈川県）の企業で40年間働いてきた。大山夫妻は、65歳の退職を機に、子どもの近くに引っ越そうとかねてから考えていたから、さっそく具体的に検討を始めた。大山さんの細君も、やがて生まれるだろう孫の世話や自分たちの老後を考えて、子どもの近くに転居することには異存はなかった。

　大山夫妻の子どもは息子1人であり、彼は都内の大学を卒業後、横浜市内の証券会社に就職した。彼は職場の同僚と3年前に結婚もした。現在は、夫婦で共働きしながら、すでに勤務先に近い場所のマンションを購入して住んでいる。

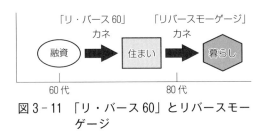

図3-11　「リ・バース60」とリバースモーゲージ

大山さんは近所の不動産屋を訪ねて、自宅の売却を相談した。大山夫妻が現在住んでいる家は、築後30年経過した木造2階の戸建住宅である。不動産屋の話では、建物の方は300万円程度だが、生活に便利な場所だから土地の方は2000万円前後が相場であり、売値としたら2300万円が妥当と言われた。

大山さんは、その説明を聞いて、自宅の住宅ローンも5年前に完済して借入はないし、自宅の売却代金2300万円をそのまま次の住宅購入資金に充当できると考えた。

大山さんは、自宅周辺の不動産事情も調べてみたが、不動産屋の情報は信頼できると判断したので、買い手を探して欲しいと依頼した。大山さんの場合は、転居による買い替えになるので、売りと買い双方のタイミングなどにも配慮してほしい旨も説明しておいた。その不動産屋から、買い手が見付かったと連絡が入った。近所のアパートに住んでいる若い夫婦が売り物件を探していた矢先だったらしい。

さっそく大山夫妻は、横浜市郊外の中古住宅をインターネット上で探し始めた。何件かは、現地にも出向いた。探し始めてから3カ月して、息子のマンションから、バスや電車を使いながら30分くらいの場所に、木造平屋の中古住宅の売り物件が見付かった。

その物件は、バス停も近いし、徒歩圏内には商店街やクリニックなどもある。将来、クルマを運転しなくなっても生活するのに便利な場所であり、不安材料はなさそうだった。

家屋の方は平屋の木造住宅（築年数45年、床面積25坪）だから代金はゼロ円、土地（敷地85坪）だけの価格（2500万円）が売値であった。建物が小さい分、敷地に余裕もあることから、家庭菜園が楽しめそうと、まず細君が気に入った。

大山さんにもある目論見があったので、迷うことなく、その物件の購入を決めた。自宅の方はすでに買い手が決まっていたし、買い替えに伴うタイミングの問題はなかった。さっそく、自宅の売買契約を、不動産屋に正式に依頼した。大山さんは、希望通り、自宅を2300万円で売却できた。

さて、次の購入代金の不足額200万円（2500－2300万円）と、取引に必要な諸費用100万円については、定期預金300万円を解約して充当する。老朽が進んでいる家屋の修繕費として300万円が必要となった。この修繕工事費について

は、近くの信用金庫を訪ねて相談した。そこでは、「リ・バース 60」を勧められた。「リ・バース 60」の場合は、ノンリコース型ローンで元本は死後一括返済、300 万円の借入ならば、月々 1 万円前後の利払いだけと聞いて、申し込むことを決めた。

　大山さんの目論見として、横浜に移り住んで 15 年も過ぎた頃には 80 代になる。その頃になったら、子どもとも相談しながら、リバースモーゲージの利用も検討しようと考えている（図 3‒11）。リバースモーゲージの場合は、建物の担保評価はゼロだが、担保評価の対象となる土地は広めなので条件的には悪くないと考えている。またリバースモーゲージを利用する場合でも、家族に負債が及ばないノンリコース型を選択しようと決めている。

　この事例のように、60 代になったら、あるいは退職したら、「リ・バース 60」を利用して老後を過ごしたい場所に「終の住処」を購入する。この場合でも、将来のリバースモーゲージの利用を想定しながら「住まい」の条件を検討しておく。

　最後には、その「住まい」を、家族に遺すのか、それとも借入の代物弁済として消費してしまうのか。「終の住処」の問題は、老後の住まいと暮らしの問題であり、ターミナルな生活設計の重要なポイントとなる。

第Ⅱ部　日本のリバースモーゲージ

百歳社会の家は相続財産に非ず、自己年金化資産となる

第4章 「住まい」の自己年金化プラン
——NPO法人リバースモーゲージ推進機構の提言——

1 持家自己年金化契約

現行のリバースモーゲージのあらかたが、高齢者が居住している持家を担保にした生活資金の融資であり、地域格差も勘案しない一律的な仕組みなどからその限界性は明らかである。そうした実態を憂慮し問題視した有志が集まり、新たな民間制度としてのリバースモーゲージを研究し開発しようとする目的を掲げて、2012（平成24）年2月、特定非営利活動法人リバースモーゲージ推進機構を設立した。[1]

同推進機構が推奨する「民間制度リバースモーゲージ」とは、現行の官民のリバースモーゲージとは一線を画した、持家を原資に年金化する契約の総称である。平板的な不動産担保ローンであるリバースモーゲージとは異なった不動産利活用プログラムであり、高齢者個々人の居住している持家の条件や世帯の生活ニーズに合致した不動産活用のスキーム（取引）を探り、終身居住と安定的収入の両軸を一元的に具現化する住まいの年金化の1つと位置付けられる。

年金化プランのバリエーション
「住まい（持家）」に、そのまま住み続けながら、その経済的価値を月々の生活費の足し（年金化）にする取り組みを、本書では「住まいの年金化」と表している。

持家を年金化する方法には、次のようなバリエーションがある（表4-1）。

---

[1] 特定非営利活動法人リバースモーゲージ推進機構 https://www.rmpi.jp/

表 4 - 1 　住まいの年金化プラン

	方　法	契約内容・形態
(1)	持家を売却して現金化する	売却・借り戻し（セール・リースバック契約）
(2)	持家を担保にして借金する	リバースモーゲージ（公的・民間）
(3)	持家を貸して家賃を稼ぐ	不動産貸付
(4)	持家を稼ぐ場所にする	SOHO 兼用住宅化
(5)	持家で生活費を軽減する	共住生活（共助・自助生活） 生活サービスの無償化（交換取引）
(6)	持家を多目的化して稼ぐ	複合型（1～5）
(7)	NPO の年金化プラン	オリジナル・プラン（住まいの年金化プランナー）

出所：住宅資産研究所。

（1）持家を第三者に売却するプラン

　このプランは最も直截的な方法であり、持家（不動産）を一括売却するから手離れもいい。しかし、このプランは不動産売買契約であり、通常は売却すれば住まいを明け渡すことになる。このプランでは、住み替える（引っ越す）先の用意が必要になる。

　また、住まいを売却するのだが、同時に、買主と建物賃貸借契約を結ぶことで賃借人として、そのまま住み続ける（借り受ける）条件（特約）で取引するケースが「借り戻し特約付き不動産売買契約」、いわゆるセール・リースバック契約（SLB：Sale lease back）である。

　この方法は、「住まいの年金化」の1つともなる。近い将来の住み替えを想定している場合や抱えている債務を清算する方法としては有効かもしれない。しかし家賃が相場よりもやや高めになる、あるいは賃貸借契約の期間が短めといった場合がある。セール・リースバック契約の対象はマンションが一般的である。マンションは戸建住宅と違って、管理料・修繕積立金などの毎月の負担があり、現金収入のない高齢者世帯の家計には負担となってくる。一方、買取業者の方も、戸建住宅に比べてマンションの方が権利関係も単純なので扱いがいい。

　金融広報中央委員会「家計の金融行動に関する世論調査（2019 年）」では、住まいの平均売却額は、60 代で 1335 万円、70 代以上で 1815 万円とある。し

かし売却したら、住まいを明け渡して他に引っ越さなければならない。

　たとえば、住まいが現金1500万円で買い手が見付かったとしよう。そこで、住まいを売却しないで貸家にした場合も検討してみる。家賃10万円で10年間貸したら合計1200万円の不動産収入、月額7万円でも840万円の現金収入が見込める。もちろん、税金や修繕費などの貸主側の負担もあるのだが。住まいの老朽化に沿って家賃も下げていくとしても、売却するより長い年数の現金収入が期待できそうである。しかし貸主が80代になって貸家に関する諸々の事務管理が難しくなってくる。こうした問題は、イエと、ヒトの関係にタイムラグがあるからである。いっそ、住まいを収益物件として売却する方法も検討に値する。

（2）持家を担保に生活資金を借り受けるプラン

　持家高齢者を対象にしたリバースモーゲージであり、持家担保年金化プランとも言い換えられる仕組みである。厚生労働省の不動産担保型長期生活資金貸付があり、また各金融機関も独自のリバースモーゲージ商品を開発し販売している。

（3）持家を貸して家賃を稼ぐプラン

　住んでいる持家の一部を第三者に賃貸し、月々、家賃収入を得るプランである。老後の生活設計として、最初から、住まいの一部を賃貸用途にデザインする取り組みと、途中から段階的に用途変更するプランもある。たとえば、当初は夫婦だけの家を建てる、やがて家族が増えたら増築する、子どもが巣立って夫婦だけに戻ったら不要なスペースを賃貸して家賃収入を得る方法である。

　また、住まいを第三者に賃貸させて、家賃収入を得る方法がある。

　一般社団法人移住・住みかえ支援機構（JTI）の「マイホーム借り上げ制度」は、50歳から、住まいを貸家にして老後の生活資金を調達する方法の1つであり、JTI経由で住まいを収益化できる。この制度では、家賃は相場よりも低めになる点と耐震基準を満たすための補強工事も必要になる点などから、老朽化した住まいならば、そのコスパが分岐点になっている。この先は、借り上げ制度の対象をマンショにまで拡大していく方向性に期待したい。

（4）持家を「稼ぐ場所」にするプラン

　住まいの一部を使って、自ら仕事（自営）する。言い換えれば、専用住宅だった住まいを兼用住宅に転換させる方法である。住まいを使うことで事業の固定経費となる場所代（家賃負担）が不要となり、起業のスタートアップがスムーズになるメリットがある。また通勤費用も時間もゼロである。将来、事業が順調になったら、事業主（本人）が家主（夫婦世帯）に家賃を支払う。事業主には、経費となり課税所得を減じる効果、家主（家計）には不動産収入（家賃）が入ることになる。

　自宅を仕事場にする SOHO（Small Office, Home Office）は、職住近接の究極モデルであり、将来的には普及定着する。目覚ましい IT（情報技術）の進歩、平均寿命の延伸、70 代でも働く社会構造、等々の社会経済環境からすれば在宅でのテレワーク市場の成熟化は確かである。

　2020 年 1 月から始まった新型コロナウイルス感染リスクの衝撃は、在宅勤務、テレワーク、オンライン会議等々のリモートワークを体験させるきっかけになった。一部では、そのままリモートワークやリモートラーニングが定着する兆しさえある。家族と居住する住まいが、そのまま勤務する場所となり、職住一体のライフスタイルが新常態（ニューノーマル）となると、新しい年金化のバリエーションも生まれそうである。

（5）持家で生活費を軽減するプラン

　「共住する暮らし方」と、「生活費（家計）の軽費化」の、2 つの方法がある。

　前者は、友人知人を同居させて同じ屋根の下で暮らし、住居関連費や食費、水道光熱費などの生活費全体を共同負担（軽減）にする方法である。このプランは、金銭的メリットだけでなくて、独り暮らしならば心細さや孤独感がなくなり、また安全、安心感などのメリットも期待できる。

　後者は、近所の生鮮食品店や、その他諸々の生活サービスを提供してくれる個人との関係の間で、宅配の手伝いや事務手伝いなどを引き受ける、その対価として食品やサービスの無償供与と、それぞれのニーズを交換取引する方法である。モノとソフトなど異種交換や不等価交換になるケースもあるが、近所との交流は深まり、試みるべき価値はある。外出がだんだん困難になる高齢期に

は、こうした交換取引は高齢者の見守りにもなるし、メリットは多面的である。

　本書第7章で紹介している『パリ3区の遺産相続人』の主人公である老婦人は、近所の店主に、自宅で英会話を毎週1回教えて、その受講料の代わりに食品などを無償で給付されている。この取引には、税金の申告も不要、所得税の課税もない。

（6）持家を多目的化するプラン

　これまでのプランをあれこれミックスさせる試みであり、住まいを地域のニーズに対応させて稼ぐ（収益化）方法全般を指す。たとえば、住んでいる地域は子どもが多い場所なのに、なぜか学習塾がない、学童保育がない。ならば、住まいの一部を学習塾に貸して家賃を稼ぐ、あるいは自分が学習塾の経営者になるなどのケースも、やはり住まいの「多目的化」である。

（7）NPOの年金化プラン

　（1）から（6）までの方法の他に、まず本人の意向、次に住まいの条件、また世帯・家族の条件などを総合的に勘案しながら、オリジナルな「住まいの現金化（年金化）プラン」について、NPO法人リバースモーゲージ推進機構が企画する。この年金化プランに興味をお持ちの方は、直截、NPO法人リバースモーゲージ推進機構の方に問い合わせすることを勧める。

　次に掲げる、「不動産割賦売買型モデル」と「不動産担保提供型モデル」、そして「セール・リースバック契約」は、民間制度リバースモーゲージのモデルであり、NPO法人の介入によって居住福祉システムの健全性と継続性が担保される。

　前者のモデルは、高齢者の住宅を取引の対象にした不動産売買契約であり、日本版ビアジェ「不動産型終身年金契約」の1つとなる。高齢者の住んでいる家の売買契約において、その代金の支払（決済）方法が、長期間にわたる割賦払方式であることから、NPO法人が売り手と買い手の間に、中間所有者（買い手・売り手）として介在しながら確実な契約履行を担保する。

図4-1　不動産割賦売買型モデル

不動産割賦売買型モデル

　このモデルでは、売り手が高齢者、超長期の割賦払い（月賦）、最終決裁時まで売り手が居住する取引であり、通常の不動産売買契約からすればイレギュラーな契約条件となる。このモデルの場合は、売り手と買い手の直截的な売買契約ではなくて、両者の間でNPO法人が介入して売買契約を結び、債権債務の担保を計る仕組みである。売り手が委託者となり買い手との間に受託者が入る信託契約ならば、後述しているビアジェ型リバースモーゲージであり、長期契約の債権債務双方の履行が担保される。

不動産担保提供型モデル

　このモデルでは、NPO法人が、金融機関から借入（金銭消費貸借契約）を起こしながら、その借入資金の中から持家高齢者（利用者）の生活支援サービスの諸費用を立替える。NPO法人は、利用者に、その持家を担保提供（根抵当権設定）させながら、返済能力が乏しい、判断能力が逓減していく利用者のサポー

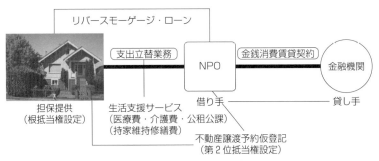

図4-2　不動産担保提供型モデル

ターとなって、その生活全般にわたって支援する方法である。信託契約ならば、身上監護の任意後見人も必要になる。

　NPO 法人の借入返済においては、高齢者の家を売却処分するか、あるいは賃貸物件化して家賃収入で返済するか、いずれにしても高齢者の持家を返済原資とする仕組みである。譲渡予約付金銭消費貸借契約を検討するケースもある。

セール・リースバック契約

　セール・リースバック契約 (SLB) とは、老後の「住まいの年金化」の 1 つともなる借り戻し特約付き不動産売買契約である。本書の場合は、持家高齢者が、その「住まい」を売却して現金化するのだが、そのまま借家人として買い手に家賃を払いながら居住し続ける取引である。

　セール・リースバック契約の場合は、買い手と売り手が、それぞれの目的（利益）のために異なった種類の権利の交換取引が特徴的であり、ビジネス上では伝統的なスキームである。

　SLB の場合は、売り手が、その家をそのまま借り続ける建物賃貸借契約特約付きの売買取引であるから、築後 20 年以上経過した家屋で売買取引上はゼロ円評価だとしても家賃収入を生むといった取引となる。

　また、SLB の買い手が、法人ではなくて個人ならば、売り手と住まいを 2 分して、その片方に居住する方法もバリエーションになる。このプランならば、買い手は住まいと家賃収入が同時に手に入るといったメリットがあり、売り手はその分の家賃負担は軽減するから成約率は高くなる（図 4-3）。

　SLB の場合は、売り手にすると、売買現金を手にしながら、家賃負担付きだがイエの利用（賃借権）も確保したことになるし、持家の負担からも解放される。買い手の方は、イエの購入代金を支払うが、家賃分の入金（戻り金）がある。不動産の売買と賃貸借の同時並行契約が、売り手と買い手の両者のニーズに合致した交換取引ともいえる。老後のイエは、所有から使用に変換したい、イエを所有する

リースバック　買い手が居住

図 4-3　SLB のバリエーション

諸々の負担から離れたいヒトは少なくないはずである。

　SLB に、ビアジェと信託契約を絡ませたバリエーションならば、長命な日本人向きかもしれない。人生 100 年時代ならば、居住用資産は、無償の相続ではなくて負担付相続、あるいは売買か SLB による所有移転を促進させる法制度上の支援も検討するべきである。

年金予約付住宅

　本書で提言する「生涯型リバーシブル・ローン」の構想は、簡単に言ってしまえば、住宅ローンとリバースモーゲージ・ローンの２つのタイプのローンを"時系列的に一体化"させたスキームである。すなわち、資金の流れが正反対の、相反的な仕組みの融資をセットにした「リバーシブル・ローン（Reversible Loan）」の構想であり、「生涯循環型住宅担保融資（生涯型リバーシブル・ローン：LTHRL：Life-Time Home Reversible Loan）」と、著者は命名している。

　LTHRL の場合は、最初は一般的な住宅ローンであり、一定の時期になると年金プラン（リバースモーゲージ）に切り替えられる点で特徴的である。金融機関は、利用者が設定年齢（65 歳以上）に達した時点で、本人の意思を確認をしたうえで、それまでの住宅ローン（継続中であったら）を清算して、それ以降は、改めて利用者の持分（Home Equity）に担保（根抵当権）設定をしたうえでリバースモーゲージ・ローンに切り替えていく。

　LTHRL を利用して購入した住戸は、さしずめ「年金予約付住戸」ということになる。退職後の現金収入（年金）調達の方策（リバースモーゲージ）が、住宅購入の段階から予約設定されていると、生涯設計の資金的見通しがつきやすい、高齢期の経済的不安が軽減される、などのメリットが見込まれる。また「年金予約付住宅」ならば、その経済的合理性や居住福祉的効用は間違いない、ノーマライゼーションへの持続性も高まる、だから永住性も高まる、などの連環から、住宅資産としてのサスティナビリティも補強される。リバースモーゲージ・ローンに切り替わる際の住居の鑑定評価に備えて、平素から良質の維持管理を心掛けるモチベーションも高まる。結果として、コミュニティ全体のサスティナビリティまでも補強されていくことにつながる。「年金予約付住宅団地」の構想も面白い。

　また将来、年金予約付住戸を売却する場合でも、「年金予約付」の付帯条件は、住宅の付加価値ともなるはずである。次の購入者は、「年金予約」の承継と解約は自由に選択できるものとする。

　住宅の購入時（Save）から継続する「使用（居住）価値」は、住宅資産の「第一の価値」であり、高齢期から並走する「資産価値（Stock）の消費（Cash flow）」と合体すると、「第三の価値・効用」の享受となる。異なった種類の価値効用を、時系列的、並行的に享受できる生涯型リバーシブル・ローンは、合理性が高く、また持家福祉性にも優れた「ライフサポート・ホーム・エクィティ・プログラム（Life Support Home Equity Program）」とも称するべき仕組みである。この仕組みは、住宅資産のサスティナビリティにまでつながることから、持家高齢者ばかりではなくて、これから住宅を購入する若い世代にも推奨したい構想と自負している。

　前述しているが、60代から使える「リ・バース60」を利用することで、以上の取り組みはさらに発展しそうである。

終身住宅年金契約

　本書の「不動産型終身年金契約」の構想は、ビアジェの日本版とも称すべき長期履行型の不動産取引モデル（居住用資産譲渡契約）であり、前述の不動産割賦売買型モデルと類似した持家高齢者向けのリバーシブル・プラン（Reversible plan：持家年金化プラン）の1つのモデルとして、百歳社会の日本には適合性と有効性が共に高い。

　その根拠とするところは、

(1)　高齢者が、終身（生存期間中）に及ぶ現金給付が確保できる（終身年金）。

(2)　買い手の方も給付履行期間が未確定（偶発性）であるが、スローな支払条件（割賦方式）で購入できる。

(3)　通常の不動産譲渡契約とは異なったスロー・ビジネス・モデルとなる。

　また個人間の不動産譲渡契約であるから、取引の消費税も非課税である。なによりも特筆すべき点は過疎地に住む高齢者の持家にも購入希望者が見込めそうなスロー・ビジネス・モデルとして、シニア層や若い世代の二地域居住のモデルともなる点である。

　この不動産型終身年金契約が普及すれば、世代を跨いだ中古住宅取引が活発になる、住宅市場の循環性が高められる、"スクラップ＆ビルド"の風潮も改善される、その結果として環境負荷軽減にまで発展させられる。

　日本でビアジェ方式が問題視されるとしたら、まず契約上の射幸性であり、次に当事者の加齢に因る認知症発症など判断能力の喪失の問題が考えられる。後者については、契約時の任意後見人指名の義務付けや、家族信託契約でも解決できる。前者については諸説紛々であろう。というのも、ビアジェの場合は、買い手のなすべき給付（債務履行）が偶発性結果によって左右される内容の契約であり、好運（売り手の思いがけない早い死）の偶発を期待する射幸契約だからである。しかし生命余命表などから算出した給付履行期間を設定することで不確定性に因るリスクはある程度、回避できる。さらに買い手には、生命保険と所得保証保険の加入義務を課すことで高齢者の受給権も保証される。

　民法上では、私的自治の原則を採用しながらも、公序良俗に反する事項を目的にした法律行為を無効としている（同法90条）。しかしビアジェの目的は、私的財産の売買であり、その対価は不確定であるが、売り手と買い手の双方に及ぶ偶発性に因る利益・不利益を契約上で明記している点、公証人の作成する契約書に基づいている点、そして高齢期の自発的、生存権的な自己救済手段である点などから、少なくとも不法性は否定されるはずである。

　その傍証となるのが保険契約である。保険契約も、自ら、あるいは第三者の不慮の不幸に備える（賭ける）契約であり、つねにモラルリスクを包摂しているのだが、その社会的有用性を重視している立場から偶発性を射幸性に優先させている。偶発性についても、契約時に不幸な事態の発生・不発生が未確定なことであり、また不幸な事故が発生した場合でも買い手の意思に基づかないこと、などの点を契約の有効性の要件に据えたならばビアジェの日本版も法的な問題は不問となり現実的な構想となる。日本でも競輪場や競馬場が公設され、宝くじの収益も国庫に取り込まれている。

　現行の公的リバースモーゲージ（不動産担保型長期生活資金貸付）の場合も、貸付限度額や貸付期間は不動産市場や金融市場に影響される不確定要素であり、そのリスク負担は利用者に設定されている。ビアジェの場合は買い手がリスク負担を承諾している契約であり、公的プランとの大きな相違はない（表7-2参照）。

ビアジェ型リバースモーゲージの構想

　図4-4は、持家高齢者が、老後も他の場
所に住み替えない場合の「住まいの年金化」
の選択肢である。

　リバースモーゲージの利用を考えるのなら
ば、「住み替えしない」選択となる。現行の
リバースモーゲージの多くが、そのまま家に

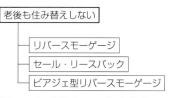

図4-4　「住まいの年金化」の
選択肢

「住み続ける」ことを要件としているからである。この在宅継続居住を要件に
している現行のリバースモーゲージは、「住み替え」が必要とされている百歳
社会においてはすでに陳腐化しつつある。

　本書でいう「ビアジェ型リバースモーゲージ」とは、信託契約型リバース
モーゲージの1つともいえる仕組みである。本人が住んでいる家を長期にわ
たって割賦分割払い方式で第三者に売却する目的の信託契約であり（図4-5）、
受託者が配偶者やNPO法人であっても問題はない。

　この方法ならば、買い手の資金負担も軽減するし、売り手の方も分割払いの
資金が毎月の生活費の足しになることから、成約の確率も高まるメリットが見
込めるはずである。持家高齢者のスローな老後の資金需要に対応したスローな
契約であり、持家の居住福祉的効用も確実なプランとなる。

　ビアジェ（Viager）とは、フランス人の間で旧くから利用されてきた、個人
の自助的な「住まいの年金化プラン」である。高齢者が住んでいる家（持家）
を第三者に売却する契約だが、買い手は売り手が亡くなるまで一定の金額を毎
月払い続ける取り決めであり、その満了が死亡時といった不確定条件であるこ
とから、その射幸性が日本では問題視されている。この射幸性については議論

図4-5　ビアジェ型リバースモーゲージ

の余地を残すところではあるが、ビアジェ型リバースモーゲージでは、支払満了の時期を、たとえば「100歳」と定めて契約すれば射幸性の問題も発生しない。ただ契約の当時者が高齢者であり、自立生活能力も不安となる点を考慮して、長期割賦払い方式を担保できる信託契約とすることを検討すべきである。この場合も、信託の受託者が家族の場合ならば「家族信託」となる。

2　家族とリバースモーゲージ

ドメスティック・リバースモーゲージ

　セール・リースバック契約（SLB）は、居住の確保と住まいの年金化の一元的な効果からすればリバースモーゲージの一種と理解して間違いではない。SLBは、企業が事業用の固定資産（建物・施設等）に投じた資金回収（解放）のスキームとして内外でポピュラーである。アメリカの一部の地域ではリバースモーゲージ・プランのバリエーションとしても利用されてきた。高齢者が、住んでいる家を第三者に売却するのだが、そのまま賃借人として住み続けるプランである。売り手の高齢者には持家の売却代金が手に入り、月々の家賃負担（相場より低め設定）で住み続けられるメリットがある。アパートメントやコンドミニアムに住み替えて生活をダウンサイジングするよりも、それまで住んでいた家に住み続けたいと考える高齢者にとっては好都合な生活資金調達プランとして利用されてきた。持家の買い手は、家族であったり、また親戚や友人知人であったりもする。子どもが、親の家を買い取り、親は子ども（買い手）に家賃を払いながら住み続けられる仕組みである。親は、住んでいる家を子に遺贈するのではなくて、売却する。蓄え（金融資産）が十分でない老親の家計に、その住んでいる家の売却代金が入るから助かる。相続でも生前贈与でもないから課税もない。アメリカでは、SLBは老親の生活資金を捻出する方法の1つとして家族間で執り行われる点から、「ドメスティック・リバースモーゲージ（DRM；Domestic Reverse Mortgage）」として普及してきた。SLBが不動産事業として税法上のメリットがあった時期は家族以外の第三者（投資家・銀行）の参入もあったが、税法改正によって終息した。

　日本の社会ならば、親子間で、親の住んでいる家を売り買いする取引（契約）

は奇異な行為に映る。したがって金融機関のすべてが親子間取引の住宅ローンを取り扱っているとは限らない。しかし住宅ローンを利用した場合、利用者は購入した住宅に居住することが必要条件になっている。専用住宅ではない収益物件（家賃収入のある事業用建物）の購入資金ならば、ほとんどの金融機関が事業用建物の購入資金として融資する。

　SLB の場合は、住宅の「所有者」であった高齢者が、「賃借人」の立場に替わる選択である。高齢者世帯の家計で考えれば、住宅を「所有」することで賃料の負担がない代わりに、所有に関わる公租公課（固定資産税・都市計画税等）や住宅の維持修繕費などの負担は避けられない。しかし「賃借人」の立場に替われば、毎月の家賃負担があるが、他に負担はない。「賃借人」の立場の問題点を挙げるとすれば、建物賃貸借契約の継続性の保証や賃料など契約内容の変更に対する不安がある。しかし、こうしたリスクは貸主側のリスクともなる。高齢者の賃料負担能力の不安と賃貸借契約の継続性が予測できない点や加齢による判断能力の低下などの問題がある。

　本書では、SLB は、親の家は子に承継させる相続財産ではなくて、第三者に売却する住宅資産として扱う資産観に立っている。意外な点だが、アメリカ人の方が、日本人以上に「子に住宅を遺したい」意向が強いとする調査結果もある。[2] にもかかわらず、最近のアメリカでは政府系リバースモーゲージの利用件数が急激に伸びている。サブプライム・ローン問題の後もリバースモーゲージの利用者が増えているのは、需要を失った住宅市場で家を売却できない持家高齢者が、自分の家に住み続けながら、家の資産価値（ホーム・エクィティ）を生活資金に変換できる公的リバースモーゲージのホーム・エクィティ・コンバージョン・モーゲージ（HECM；Home Equity Conversion Mortgage）を利用して、マイホームの"第三の価値効用"を享受しようとするからである。HECM ではなくて、DRM を利用する選択には、HECM ならば発生する借入利息や諸費用の負担がない、親子間の売買契約だから贈与税や相続税の負担もない、お互いに信頼感がある、などの点がメリットである。しかし、家を「売却」する選

　2）ホリオカ、チャールズ・ユウジ・濱田浩児『日米家計の貯蓄行動』日本評論社、1988年。

択には譲渡益課税などの検討が必要となってくる。アメリカでは、高齢者の持家ならば居住用資産の税法上の特例によって大半が課税免除となっている。この点は日本でも同じような事情である。通常、リバースモーゲージの死後一括返済のための住宅売却処分で余剰金が生じるケースでは相続人に譲渡益税が課税される。この点については、リバースモーゲージのインセンティブ効果となる税法改正を俎上に載せるべきである。

　一方、高齢者の家を SLB で購入する第三者のメリットとして、まず売り手の高齢者からの家賃収入（不動産所得）がある。また税法上のメリットとして、売り手の高齢者との建物賃貸借契約の締結によって不動産貸付事業が明確になることから、建物に関する減価償却や借入利息に対する税法上のメリットも享受できる。また住宅を取得する行為（投資）は、不動産市場の変動による正負の経済効果を享受することにもなる。高齢者の家計にしたらリスクヘッジの方がより優先的となるはずだから、売却する SLB は安全策といえる。

　SLB の場合は、売り手の高齢者は、イエの"第一の価値"である「居住空間の便益」と同時に、"第二の価値"である「経済的価値」を売却代金として手中にできることから、結果として「居住福祉的価値効用」の"第三の価値"まで享受できる。

介護家族とリバースモーゲージ

　"住まい三遷"のライフスタイルならば、住宅に対する期待も観念も、これまでの伝統的な相続観や資産観から脱却しなければならない。全国的な空き家の増加現象は、これまでの住宅資産観と変貌著しい社会経済とが乖離してしまっていることの証左となる。繰り返し語る点だが、その背景には毎年、着実に更新されている日本人の長命化と核家族化があり、人口の減少がある。

　高齢社会では介護の問題は避けて通れない。資料によると、80 歳前後の要介護の親を介護する年齢は 55〜60 歳前後となり、百歳社会を目前としたいま、老々介護や認々介護の世帯は増えるばかりである。

　介護家族が、同じ場所に"集まって住む"（共住）、あるいは"助け合いながら住む"（協住）スタイルのコミュニティが必要な方向に社会が向かっている。

　こうしたタイプのコミュニティを、著者は、「介護家族コミュニティ（FCC：Family Care-giving Community）」と造語して構想する。

　FCCの立地としては、夜間人口と昼間人口がほぼ均衡している地域が望ましい。大都市圏はFCCには不向きである。就業する場所（雇用）と介護の場所（居住）との位置関係は、近距離で、交通の便がいいことが重要である。FCCは、むしろ地方都市で、商業施設や医療施設などが徒歩圏内にあり、あるいはバスでも比較的アクセスが容易な地域で、日常生活に必要な店舗（食品・衣料・日用品等）や生活サービスなどが容易に利用できて、深夜人口も安定的な地域を漠然と想定している。近年では、高齢者世帯のライフスタイルも大きく変化（都会化）して、ファミリーレストランや回転寿司店などで食事（ランチ）をする機会が圧倒的に増えている。

　居住形態では、戸建住宅よりも、共住の家、集住のマンションの方が好都合である。各戸が分散している地方（田舎）で高齢者世帯が自立的生活を続けることは段階的に難しくなっていく。とりわけ移動手段を持たない世帯は問題化が早い。自動車の運転も高齢になると危険である。ローカルな地域でも老朽化した戸建住宅から近隣のマンションに移り住む高齢者世帯は増えている。

　FCCの場合は、行政主導で、街なかの空き物件（借地・借家）を再活用するといい。財務省が国有財産の有効活用に乗り出している。この動きは、FCCの建設には順風である。また中古マンションの再利用も考えられる。既存マンションを30〜40年で建て替えるのではなくて、適正な修理修繕を加えながら100年程度の長寿化を具現化しようとする動きである。

　最近、自然災害が大規模化して、被災地の損害は甚大、復旧が難しいレベルまでダメージを受けている。本書で掲げる「介護家族コミュニティ（FCC）」の構想を、被災地で実践してみてほしい。被災市街地復興特別措置法の下に試行錯誤を重ねて、超高齢社会の新しい居住モデルを探る好機としてほしい。

　FCCの運営は、NPO法人が担当者となり、コミュニティ・ビジネスなどの事業体、地域包括支援センターや民生委員などとも交流しながら、入居者メンバーの「介護と自立」を、共住、協住の体制のなかでスムーズに持続・継続させていく。

　FCCへの参加（入居）費や維持管理費などの経済的負担は、一般社団法人移

住・住み替え支援機構のリバースモーゲージを利用する方法、あるいは、介護家族の生活拠点の移動に向けた経済的支援策（「住み替え型」や「買い替え型」のリバースモーゲージ、「リ・バース60」）を利用する選択肢もある。

住み替え型リバースモーゲージ

　住んでいた家は、第三者と賃貸借契約を結んで家賃収入を得る。そして介護や生活に便利な場所（立地条件・居宅空間）に住み替える。この際、住み替えに必要な資金の調達方法として、家賃収入を返済原資として金融機関からFCCへの「入居資金」を借り入れする方法、あるいは持家に根抵当権を設定しながら金銭消費貸借で借入する方法もある。最近では「リ・バース60」が便利である。いずれの場合でも、死後一括返済方式で、持家の売却で清算する方式ならばリバースモーゲージの一種といえる。公的リバースモーゲージと違って、「持家に住み続ける」ことや、「夫婦以外の同居（介護する人）」を拒むなどの制約はない。

事例　介護家族と家族信託

　東京都江戸川区に40年以上住み続けてきた土屋夫妻は、これまで想像もしてみなかった事態に戸惑っている。土屋さん（73歳）が、1人で外出した時、家に戻れなかったからである。医師の診断で、軽度の記憶障害であり、認知症ではないことが分かった。

　土屋夫妻には、子どもがいない。夫妻は、この機会に、土屋さんが、近い将来、認知症を発症したときを想定して準備しておこうと話し合った。

　夫妻の住んでいる家は築後15年の木造戸建て住宅であり、建築費に蓄えの大半を注ぎ込んだから現金の蓄えは少ない。そこで、老後の生活資金を調達するためにリバースモーゲージの利用を検討することにした。

　2人は、浅草のNPO法人リバースモーゲージ推進機構・東京事務所を訪ねて担当者から詳しい話を聞くことができた。

　　・夫妻の場合は、リバースモーゲージを利用することに問題はない。しかし土屋さんが認知症と診断されると本人が申請できなくなり、手続きは

　　容易ではなくなる。その前に、夫婦間で家族信託契約を結ぶことを勧められた。

・信託契約の内容とすれば、土屋さん名義の自宅と金融資産を信託財産として、土屋さんが委託者（受益者）、受託者を細君とする。これで、リバースモーゲージも受託者の細君が申し込むことができる。

・自宅を年金化する方法については、リバースモーゲージの他にもいくつかある。それらを検討してから、最後にリバースモーゲージを考えたらどうかと勧められた。

　たまたま土屋夫妻の相談を受けたのは、著者であった。

　土屋夫妻の場合は、子どもがいないから、先々、老々介護、認々介護の世帯になる可能性は低くない。備えあれば憂いなし。着実な長命化に備えて任意後見契約や信託契約を検討することは、老後を自助自立するための方策として、これまで以上に必要な準備となる。なお、地域の社会福祉協議会でも同様の支援制度がある。

老後の住まいと暮らし　チェックリスト

目　的	方　法		備　考	チェック
イエを住み替える	買い替える		ダウンサイジング、利便化	
	借りて住む		ダウンサイジング、利便化、持家の負担解消	
	家族と同居する			
	老人施設に入所する		持家処分、不動産信託契約	
イエに住み続ける	終身住み切る		終身住宅年金契約、寄付（贈与・遺贈）	
	信託する		不動産信託契約	
	相続させる		遺　言	
イエを現金化する	売　却	全　部	住み替え（借家、施設）	
			買い替え（持家）	
		一　部	共有・賃貸	
			共有・共住（2世帯住宅・区分所有・他）	
	敷地の売却		土地の一部を売却	
	借り戻し特約付き売却		セール・リースバック契約（業者・友人・知人・家族）	
	条件付き売却		終身住宅年金契約	
イエで借金するイエを年金化する	金銭消費貸借		不動産担保型カードローン	
			譲渡担保設定付き	
	リバースモーゲージ		公的リバースモーゲージ（社会福祉協議会）	
			公的リバースモーゲージ（要生活保護世帯）	
			金融機関ローン（ノンリコース型・リコース型）	
			民間取引型リバースモーゲージ	
			家族内型リバースモーゲージ	
イエで稼ぐ	賃料収入		スペース貸し（敷地・建物のタイムシェア）	
			部屋貸し・下宿・他	
			民泊（自営・登録）	
			貸家	
	シェアハウス		貸室・コモンスペース	
	起業（自営）		兼用住宅・SOHO	
「居住」の変遷	個住（シンプルライフ）		単身・夫婦	
	同居（リビングトゥゲザー）		血縁家族	
	共住（シェアライフ）		共同生活（非血縁関係）	
	協住（疑似家族化）		一体家計の世帯（非血縁関係）	

（無断転載禁止）

第5章　「リバースモーゲージ」の創造的考察

1　住まいと暮らし

人生100年の老後の不安

　人生100年時代を迎えて、かつて経験しない長寿は長き退職後を約束するものであり、僥倖となるはずである。しかし現実は必ずしもそうでもないようである。

　著書は、2019年10月から2020年3月まで、毎月1回、計5回、藤枝市生涯学習センター（静岡県）でセミナーを市民対象に開催してきた。セミナーの演題は、「老後を、どこで、だれと、どう過ごしますか？　孤住・共住・協住を考える」であり、受講者は60代から80代の女性であった。

　受講者の大半が抱えている老後の不安とは、「家計（生活費）」と「健康」、そして「介護」であった。「生活費」については、何歳まで生きるのか見当もつかない老後に、生活費が足りるかどうかが不安になったり、最後の不安の種は、「誰が自分を介護してくれるのだろうか？」であった。

　図5-1が示すように、長生きすれば老人性疾患リスクは高まる、外部サービスへの依存度も高まる、家計の負担も膨らんで、毎月貯えを取り崩すようになる。こうした老後がいつまで続くのだろうか？　生涯必要な生活費に関しては、死期が予知できない限り目処も立たない、した

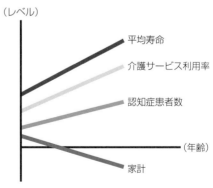

図5-1　人生100年時代の老後の不安

がって、最後の時まで不安は尽きない。

　米国イェール大学で、23 年間、続いている人気講義がある。その講義では「死とは何か」を議論の柱に据えている。人は誰もが必ず死ぬ。限りある時間を、どう生きるのか、どう生きたいのか。生きているうちに迎えるべき「死」について真剣に考えを巡らすべきであり、「どう生きたいのか」を自らに問うべきと、ジェリー・ケーガン教授は学生に説いている。[1]

　著者も、藤枝市のセミナーで、「死」について取り上げてみた。「死」を受け入れるシチュエーションを想像してみることで、「終の住処」について具体的な条件がみえてくるかと期待したからである。

　だが 80 代の受講者たちは、「死」について考えようとはしなかった。60 代の受講者数人は予想以上の興味を示した。「死」に至るまでの常識的な時間差による態度の違いなのかもしれない。セミナーでは、老後の生活設計に必要な知識を習得しようとする 60 代、具体的な事例を聞こうと参加しているのは 80 代の受講者であった。

　2 回目のセミナーでは、「リバースモーゲージ」を取り上げた。この日の受講者の大半が、持家に住み、子どもがいないか、老後を子どもに依存しないと決めている夫婦であった。老後の「住まい」と「暮らし（家計）」の問題を同軸的に解決する方法として、リバースモーゲージを具体的に検討したいと希望する方が多かった。リバースモーゲージは、老後の住まいと生活費の問題を一元的に解決できるローンであり、死亡時までの期間は借入利息の支払義務があるが、それも生活費の調達コストと考えれば納得できる負担となる。

　最近は、自分たちの老後を子どもに依存したくないと考える親が増えている。となると、親の家も年金化資産として流動化してしまうリバースモーゲージの仕組みは検討に値する。老後に備えて、抱えている住宅ローンの残債をリバースモーゲージで借り換えてしまう、そうすれば元金は死後一括返済となり、毎月の利払いだけになる。また住宅ローンの残債の借り換えだけなら、リバースモーゲージ型住宅ローン「リ・バース 60」を使ってでもできる。雑駁な話が、現役時代は住宅ローンを利用しながら家を取得する、やがて退職したらリバー

　1）シェリー・ケーガン『DEATH　死とは何か』柴田裕之訳、文響社、2018 年。

スモーゲージを使ってその家を現金化する（図3‒11）。この接続・連携がスムーズならば老後生活の自助自立が視界に入ってくる。

　平均的なアメリカ人は、老後の住まいと暮らしについても十分に戦略的である。彼らにとっての「住まい」とは、アメリカンドリームのシンボルであり、また伝統的な不動産投資の対象であり、したがって住まいの買い替えは極めて活発である。既存住宅（中古住宅）の取引件数が圧倒的に多いのはこうした事情もある。

　経済的余裕があるアメリカ人は、退職後の終の住処を早いうちから購入しておき、レンタル物件にしている。退職したら、それまで住んでいた家を夫婦の非課税枠を活かしながら売却して終の住処に移り住む。80代に入った頃はリバースモーゲージを使いながら老後を過ごす。ちなみに富裕層の場合はゲイティッド・コミュニティを終の住処とすることがステイタスとなっている。

　翻って日本にリバースモーゲージが普及するのは当分先になりそうである。まず、不動産市場が成熟していない、持家信奉が強い、リバースモーゲージを単なる借金と誤解している等々の理由がある。リバースモーゲージは確かに不動産担保ローンではあるが、個人資産の流動化（解凍）スキームであって、いわゆる借金するのとは別の仕組みである。この違いが明確に周知されない限り、リバースモーゲージは普及に至らない。

家計のポートフォリオと持家

　日本の平均的な家計の特徴ともいえる点だが、市場性金融商品の保有額は相対的に少なくて、住宅資産が家計の最大資産となっている。

　総務省の「平成26年全国消費実態調査」によれば、65歳以上の世帯の1世帯あたりの住宅・宅地純資産額は2592万円であり、純資産総額4420万円の58.7%を占めている。さらに世帯主の年齢が65歳以上の世帯では、その持家率は88.2%である。しかし、この先も高齢化が進み、核家族化が進むとなると、住宅資産は保有しているものの生活資金の方は不足する、すなわち"ハウス・リッチ、キャッシュ・プア"といった家計の高齢世帯が増えてくる。

　こうした実態を踏まえて、内閣府の「平成30年版高齢社会白書」の中でも、「資産の有効活用のための環境整備」が喫緊の課題とされており、「リバース

モーゲージの普及に取り組むべし」と掲げられている。再々、論じている点だが、リバースモーゲージの制度基盤は需要が堅調で安定的な住宅市場であり、まずは既存住宅（中古住宅）の市場価値を維持する政策的取り組みが先行しない限りリバースモーゲージの普及は望めない。人口減少や高齢化の社会構造上、人口流出が止まらない地方に安定的な住宅需要は期待できないからである。

　一方、個々人も、平均的家計の最大資産となる持家（住まい）について、これまでの社会的通念から脱却して、ヒトとイエ、カネの関係から俯瞰する意識改革も必要となる。さらに、この３つの要素の他に、いまひとつ、別の視点や認識が必要なことにも気付かなければならない。

　それは「時間（タイム）」である。ヒトの生存時間は延伸し続けている。なのにイエに対する世間常識は相変わらずであり、その耐用時間は40〜50年程度で止まったままである。ヒトとイエの時間差が老後の暮らしに厄介な問題をもたらしている。さらに踏み込むと、カネの話になる。カネは、ヒトが絶対的価値ともいうべき時間を費やして稼ぎ出す。そのカネの大半がイエに注ぎ込まれている。でも、その肝心のイエの経済的価値といえば……。著者が、イエに、コスパの視線を向けるべきと説く論拠である。

　まず、イエのコスパを検討する必要がある。所得倍率の見直し、家族や職場の事情等々から総合的な最大公約数を探ってみる。極論を言えば、住まいを最大資産にしないことである。平均的な家計であっても、金融資産も保有し運用する分散型のポートフォリオに転じるべきである。

　持家のような高額で固定的な買い物を予定すると、家計はそれを目指して現金（流動資産）をできるだけ速やかに蓄積しようとして、若年期にはリスクを伴う金融資産への投資を抑制する。また持家の購入した後でも、様々なリスクにも対処できるように現金が蓄積されるまで、あるいは住宅ローンがある程度減ってくるまでの期間は金融資産への投資は抑制される。[2]

　日本の法制度下では、住宅は土地と建物が別々の権利主体であり、木造住宅ならば、建物は精々40年程度の償却資産に過ぎない。改めて、持家のコスパ

　2）祝迫得夫他「日本の家計のポートフォリオ選択──居住用不動産が株式保有に及ぼす影響」『経済研究』66(3)、2015年。

について考えてみるべきである。

　次に、ターミナル期には、イエをカネに還元させる仕組みを検討する。最初からその仕組みの利用を想定したイエを作る。すなわち、老後はリバースモーゲージを利用して、イエを空き家にして残さない。日本のリバースモーゲージは、将来的にも土地だけの担保評価に基づいた融資のままかもしれない。ならば、“土地は広めに、建物はスモールで、グローイングで、アダプタブル”な方がいい。この辺りについては本書の第3章で触れている。

　「リバースモーゲージに関する調査結果（2013年[3]）」によると、リバースモーゲージに対する高齢者の潜在的需要は明らかである。上山仁恵氏（2016年）の調査では、65歳以上の人にリバースモーゲージの概要を説明したうえで利用の希望を聞いたところ、4割以上の人が「今は必要性を感じないが、生活に困れば利用を検討したい」と回答している。その一方で、同調査では、「リバースモーゲージを現在、利用している」と回答した人は0.2%、持家高齢者1000人に対して利用者は2人だけという実態も明らかにされている。

「住まい」の所得倍率の地域格差

　雑駁な印象だが、地方の住宅の建築単価は都市部のそれと大きく変わらないように感じられる。しかし地方の既存住宅（中古住宅）は、いざ売買取引となると、その需要供給の不均衡性から都市部よりもはるかに低額の成約価格であり、建物はタダ同然、土地だけの取引額になるケースが少なくない。

　たとえば、都内ではなくて、23区外の都下と地方の住宅価格はほぼ同じ価格水準である。東京といえども都下となると、人口が減っている場所もある、住宅販売業者の価格競争もある、空き家・空き地も増えている、生活利便性の濃淡もある等々で、都下の住宅需要もモザイク状を呈している。

　所得水準となると都下の方が地方よりも高め、所得が低い地方では住宅価格の所得倍率は高くなる。したがって地方の方が住宅費の負担感は強い。しかし皮肉な現実として、地方では持家高齢者向けの住まいの年金化プランであるリ

　3）持家のある65歳以上を対象として2013年に調査。回答者はインターネットを通じて全国から抽出した997人であり、本設問の有効回答率は100%。名古屋学院大学総合研究所「名古屋学院大学ディカッションペーパ」116号。

バースモーゲージの利用は制限的である。こうした点からしても、地方の住まいのサスティナビリティは脆弱であり、そのコスパも都市部に比べて低い。

　卑近な事例で説明しよう。新築してから20数年居住してきた住まいを売却するときは中古住宅の売買取引となるのだが、建物価格はゼロ円に近くて土地代だけの取引額になるケースは珍しくない。仲介業者からは、築後20年以上経った住宅の簿価はほぼゼロ円だと言われる。所得税法・減価償却資産の耐用年数表の中に、木造住宅は「耐用年数22年」と記載されているからである。この耐用年数は、税法上、有形資産の減価償却計算に用いる基準値であり、住宅の構造的寿命ではない。しかし、木造住宅の残存年数を40年前後とする資料も存在する。木造住宅の場合は、築後40年前後から建て替えが検討されているからである。となると、30代で住宅を取得した人も、退職する頃にはもう一度建て替えるか、あるいは別の場所に買い替える（住み替える）ことになる。

　居住している住まいを建て替えるとなると、既存の建物を取り壊してから、次の新築工事に取り掛かる、施主の家族は取り壊しの前に一時的な仮住まいに移る、住まいの完成後にまた戻る、この2度、引っ越しする。住まいの建て替えには随分な時間と労力と資金を使う。まだ構造的問題がなくても建物をわざわざ壊す、その廃材の搬出処分、地中の基礎を壊し新たに作り直す。こうした建て替えによって、建築工事の関連業者たちには営業利益、金融機関には住宅ローンの利息収入と、それぞれにプラスの経済効果、政府にしても登録免許税や印紙税、消費税などの税収がある。しかし肝心の施主の方には、相当な時間と労力、また工事費や諸経費などの金銭的負担を強いる。こうして建て替えた住まいであっても、子どもが同居しなければ、最後は空き家になってしまう。日本の住宅は、"世界一高額、世界一短命"ではなくて、正確には、"世界一短命だから世界一高額"なのである。

　著者が北米で見聞した限りではあるが、築後100年以上経過した平均的な木造住宅が、途中、何度か住み手の交代はあったとしても、何らの問題もなく売買されている。建物はタダ同然などといった取引はない。土地と建物が一体不動産として取引されるからである。彼らは、既存（中古）住宅を、築後年数で価値判断しないで、修繕すれば使えるかどうかの評価で価格を設定するからである。

　日本の住宅市場が北米と同様ならば、日本人の生涯居住関連費用を少なくと
も現在の半分以下に引き下げられるはず、長き老後も"健康で文化的かつ快適
な暮らし"が当たり前になるはず、著者はそう確信している。

　世界の大都市の住宅価格を所得倍率で比較した資料（2018年）によると、東
京・横浜の倍率は4.8で「非常に手が届きにくい」、ちなみにホノルルは9.2、
香港は19.4である。「手が届く」のは3.0以下、3.0～4.0となると「手が届
きにくい」、4.0以上になると「手が届かない」となるらしい。この指数は価
格と年収だけの比較から算出されているが、さらに建物寿命も加えると、日本
の住宅のコスパは世界一低いものになる。

　日本の既存住宅の担保評価は底地だけになる。ならば、建物への投資（建築
費）を引き下げる、その分を底地に投資する、すなわち広めの、あるいは立地
条件の優れた場所を選ぶ。こうした取り組みならば、住宅のコスパは改善され
るしサスティナビリティも補強される。

　住まいの究極のコスパを追求するならば、自分の手でイエを完成させるオー
ナービルドも検討に値する。欧米社会ではオーナービルドはポピュラーであり、
専用住宅ローンもある。日本の企業も、育児休暇の他に、新たに「オーナービ
ルド休暇」を創設して、マイホームの完成まで段階的に休暇を認めたならば斬
新な働き方改革にもなりそうである。コロナ騒動も、オーナービルドのきっか
けになるかもしれない。

持家志向の変化

　平成30年度「土地問題に関する国民の意識調査」によると、土地付き住宅
の持家ではなくて、借家に住むことに抵抗感がないと答えた人が約5人に1人
となり、この10年間で倍増している（図5-2）。

　そうした変化をどう読むのか。

　まず最近の雇用環境の流動化が大いに影響している。すでに終身雇用は旧き
良き時代の夢、雇用者側もタイムリーな雇用調整を望んでいる。片や、働く側
も時代の潮流を読みながら成長性や先鋭性に富んだ分野に進みたいと考えてい
る。となると、いつ何時（なんどき）でも、どこにでも赴任できる可動性を優
先させたい層が厚くなってくる。いまひとつ、人口の流動化と不動産市場の二

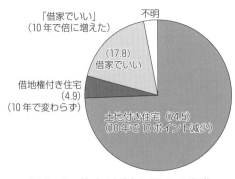

「借家でいい」
（10年で倍に増えた）
不明
（17.8）
借家でいい
借地権付き住宅
（4.9）
（10年で変わらず）
土地付き住宅（74.5）
（10年で10ポイント減少）

図 5 - 2　住宅の所有に関する意識

資料：国土交通省「平成 30 年度土地問題に関する国民の意識調査」。

極化が持家に価値を見出せない背景となっている。この先もグローバル化が進行し、国内経済の先行きが予測しがたいだけに、生活拠点の定着化、すなわち土地付きの家が負担になる危惧がある。こうした社会経済の変化に慎重になる向きに、仕事や職場が安定するまでは借家の方が得策となるだろう。

また非正規雇用の膨張も背景にある。正規雇用に比べて非正規雇用の場合は収入も低く不安定である。したがって結婚も住宅取得も難しいケースが多い。こうした若い世代の雇用の二極化も居住形態を持家派と借家派に二分している。しかし労働市場も、早晩、人手不足と IT や AI の台頭から二極化が始まり、雇用契約にも多様化が始まる。その影響は、労働力再生産の拠点となる「住まい」の形態や権利などにも新たなバリエーションを産み出すベクトルとなる。

持家派と借家派の明確な違いの 1 つは家賃負担の有無にある。持家派は、帰属家賃の利はあるが、資産保有負担を負う。一般論として、持家は、相続や贈与でもない限り、現役時代の収入の多くを注ぎ込んだ居住用資産である。それだけに収入が途絶える高齢期には、「住まい」の居住空間的効用と経済的価値の 2 つを一元的に活用できる仕組みが欲しい。リバースモーゲージ制度はその典型的なプランである。

リバースモーゲージの他に、老後の生活資金を、住み続けながら調達する方法としてセール・リースバック契約（SLB）がある。

SLB の場合を大雑把に検討してみよう。居住しているマンションを 2000 万円で売却してから、そのまま家賃 10 万円で住み続けるとすると、賃料は 10 年間で 1200 万円、利払い保証料や管理費修繕積立金の負担もないから差し引き 800 万円は可処分資金となる。もちろん、所有権は売却したから賃借人となるのだが、不安な点は、終身、同じ条件で居住していられるかどうか。買い手に

よっては、賃貸借する期間が限定されるケースもある。購入者が家族ならば、アメリカの「ドメスティック・リバースモーゲージ」と同じであり、安全で安心なのだが……。

では改めて、「リバースモーゲージ・ローン」について、別の視点から検討してみよう。

静岡県労働金庫（労金）の「ろうきんリバースモーゲージ・ローン」を利用するケースを想定すると、担保評価額 2000 万円のマンションならば、1000 万円相当の融資が受けられる。そこで、マンションの持分の半分相当を労金に売却したと考えてみる。利用者は、現状のまま居住し続けるのだから、労金に売却した部分も使用していることになる。だから、利払いと保証料をその使用料と考えて負担する。その負担は 10 年間で 150 万円となり、残金 850 万円は利用者の生前の可処分資金となる。利用者はマンションの所有権者であるから、管理費修繕積立金は負担するのだが、子どもが望めば相続もできる。その場合は、子どもは親の債務の代位弁済を負うことになり負担付き相続となるのだが、相続税の節税対策や相続争いの回避策ともなる期待もある。

本書の中でも随所で述べているが、百歳社会にあっては、イエは相続財産ではなくて自己年金化資産と考えるべきである。子どもは親の債務を代位弁済することによって再び相続財産に戻すことができる。

親のマンションを信託財産とし、親が委任者と受益者となり、子が受託者となってリバースモーゲージを使う。この場合は、親が死亡したら、次の受益者を子とすれば結果として負担付贈与となる。人口が減少し少子化と超高齢化が進む日本のリバースモーゲージでは、負担付贈与特約付きリバースモーゲージなどのプランも俎上に載せるべきかもしれない。

2　持家を年金化するリバースモーゲージ

持家の第三の価値効用

2012 年 8 月、日本政府は、高齢者施策の中長期的指針とする「高齢社会対策大綱」の改定案素案のなかで、概ね 65 歳以上を高齢者とする定義を見直して、「人生 90 年時代」への転換を提唱し、意欲と能力のある高齢者にも社会を

表5-1 「住まい」の居住福祉的価値効用

「住まい」の価値効用		
L	第一の効用	居住空間的効用
P	第二の価値	経済的（資産）価値
R	第三の価値効用	居住福祉システム　R＝L＋P

図5-3　第三の価値効用

支える側に回ってもらう（社会的負担）ための目標を盛り込んでいる。となると将来、働き終わった75歳から先の"安全安心な住まいと暮らし"を保障する居住福祉制度の確立を、政府は我々に約束しなければなるまい。

　著者は、これまで、論文や著書のなかで、住宅（住まい）の価値効用について、3つの要素を掲げながら説明してきた（表5-1・図5-3）。

　「住まい」の「第一の効用」とは、本義的な居住用空間としての性能・機能・デザインであり、「第二の価値」とは、固定資産としての財産性（経済的価値）を指している。著者がことさらに標榜している「第三の価値効用」とは、実は制度的観念（利益）であり、"自分の家に住み続けながら、その家の経済的価値を生活資金として前借りできる"仕組みを指し、時差的利益（経済的価値の前受け）の存在を意味している。こうした仕組みは「居住福祉制度」の一種であり、持家（居住用財産）を担保に設定した生活資金借入制度（リバースモーゲージ）であるのだが、その利用の際の資金の流れが一般的ローンと逆向きとなることから「リバースモーゲージ（Reverse Mortgage）」と称されている。リバースモーゲージの場合は、持家に住み続けている点と、その持家の財産的価値（担保価値）の2点を利用要件に定めていることから、著者は「居住福祉制度」とも位置付けている。

　また、高齢期に、"持家に継続的に居住する"ことが、リバースモーゲージ制度の利用要件に適合することから、その居住の保証と福祉的効果について、改めて「第三の価値効用」と定義付けしている。居住福祉制度とは、上述の「第三の価値効用」を具現化するリバースモーゲージを指している。

　公的リバースモーゲージの場合は、戸建住宅の土地の評価額だけを「第二の価値」と定めた生活福祉資金融資である。図5-3でも明らかであるが、図の右側の「経済的価値」が縮小すれば、中央の「第三の価値効用」も減少する構

造であり、地価下落が続く地方においては、「住まい」が老後の居住福祉的価値効用を支えるセーフティネットとしては期待できないことが明白である。

　公的リバースモーゲージの構造的改革を待っていたら間に合わない。自助的な対応とすれば、家計のポートフォリオにおける住宅関連費の引き下げが直截的な効果が見込めるであろう。右肩上がりの土地神話は古色蒼然の伝説に過ぎないこと、「借りる住まい」と「買う住まい」の金銭的な比較だけに止まらないで、第3章でも勧めている「小さな家」や「テラスハウス」などにも視線を向けることで気付く点があるはずである。

概説　リバースモーゲージ

　百歳社会とは、100歳のヒトも珍しくないとされる社会をいう。日本の1947年当時の男女平均寿命は52歳だが2018年になると84歳となり、この先もさらなる長命化が確実視されている。長命化とは、すなわち“生きている時間”のプラスであり、大いに歓迎されるべき僥倖なはずだが、しかし手放しで喜べないのは日本が少子高齢社会だからである。少子化と高齢化の進行は、社会保障制度の財政的基盤を脆弱にし、医療・介護費の個人負担を増し、さらに公的年金まで先細りさせる。私たちは、退職後も家計の自助的な経済的自立を覚悟しなければならない。また、そうした緊張感を抱きながら高齢期を過ごす時代を生きている。

　最近、持家に居住している高齢者が、その住んでいる家を生活費に流動化（年金化）させる仕組みのリバースモーゲージに関心を寄せている。

　ここで、リバースモーゲージについて、これまでとは別の視角から解説してみよう。

　リバースモーゲージとは、リバースモーゲージ・ローンの意であり、一般的な住宅ローンと比べて、(1) 困窮家計の持家高齢者向け、(2) 死後一括返済方式、(3) お金の流れが一般的なローンと逆向き等々、まったく異質、異形の融資である。

　また、リバースモーゲージの場合は、利用者側と融資側の双方がともに先行きの不安を払拭できない構造的特徴がある。まず、利用者（借り手）の大半が後期高齢者であることからその判断応力は年々衰耗する、しかし負債額（借入

金）の方は逆に年々増えていく、この点が問題視されている。

　またリバースモーゲージは、高齢者の"住まいと暮らし"を同軸的に保証する居住福祉性のローンであるから、借入金利の変動や持家の資産評価額の変動などの他に、利用者の長生きが制度リスクとなっている。さらに、最近の長命化に伴った利用者の認知症発症などが第四の制度リスクとなってきている。融資の途中で想定される条件変更などに際して必要となる本人の判断能力の持続性が新たに問題視されている。リバースモーゲージの場合は、一般的なローンと異なって、余命が少ない 80 代後半辺りからのスタートが望ましい仕組みであり、本人能力の保持と相反することから、第三者の介入、すなわち信託契約との連携が望ましい構造である。著者は、いわゆる信託型リバースモーゲージもだが、家族信託（民事信託）との連携も取り入れたならば、貸し手も借り手も安全で安心、使いやすい仕組みになると考えている。

　以上のような事情を包摂したリバースモーゲージであるから、借入れする本人（利用者）とその家族は、予め融資側の担当者と面談して、利用上のリスクなどについても十分な情報を得て正確に理解しておくことが必要となる。年々着実に負債が減少していく一般的な住宅ローンとは真逆のローンであるリバースモーゲージの場合は、利用者側の条件と融資条件との適合性（マッチング）や契約の安定性などについては——必要ならば専門家も交えながら——慎重に検討を重ねなければならない。

　利用者側の条件となると、年齢や健康状態、家族（配偶者や子ども）、生活費や収入源などの個人的条件、そして持家の条件（立地、規模、構造、種類、築後年数）、さらに地域の不動産事情に精通した不動産業者らの声も無視できない情報となる。一般的なローンは、モノ（担保力）とカネ（返済能力）の条件的適合性で契約が担保されるのに対して、リバースモーゲージでは、さらに高齢者といった社会的弱者であることが利用者要件となっている点がローン契約の継続性や発展性を難しくしている。

　では、リバースモーゲージとの適合性が高い高齢者像（ヒト）について考えてみよう。不動産需要が比較的安定的な地域の家に夫婦だけで居住している、家のローンは完済している、本人は最後までその家に住み続けたい、本人の判断能力はクリアであり、子どもたちもリバースモーゲージの利用に協力的と

いったタイプとなる。逆に、これらの条件のどれか1つでも不安材料がある
ケースでは、他の方法を検討するべきであり、リバースモーゲージの利用は最
後の選択肢とするべきである。しかし、次のような事情の世帯ならば、リバー
スモーゲージの利用は賢い決断となるかもしれない。たとえば重篤な疾患で余
命何年と宣告されている、自宅で終末医療を希望しているなどの事情の高齢者
ならば、リバースモーゲージの借入金で生活費や医療費にも余裕が生まれる。
また、こうしたケースならば、融資額も限定的であり、借入年数も短期的なこ
とから、リバースモーゲージの三大リスクとなる長命化や金利上昇、あるいは
不動産価格の下落などを懸念しなくて済む。

　人生100年時代では、ヒトとイエ、イエとカネの関係に、これまでとはまっ
たく異質な価値観やライフスタイルを探ることが、"健康で文化的かつ快適な
老後"を体現するための必然的な取り組みとなってくる。

不動産担保型長期生活資金

　死後一括償還型不動産担保長期生活支援資金貸付を、実はリバースモーゲー
ジと言っている。かつて、家は伝統的な家族制度の下に家長が何世代にもわ
たって連綿と承継してきた家督の象徴的な家財であった。その当時の家は、厳
密に言えば、居住の効用だけの居住用資産であった。しかし持家推進政策が定
着してからは土地神話が生まれた。根拠もなく不動産価格が急騰したバブル期
には、家も経済的価値だけが投機的視点で評価される投資商品に替わり、日本
列島の津々浦々、誰もが狂騒し、その狂乱ぶりは「八百屋までが不動産屋」と
言わしめるほどであった。1990年3月、日銀による金融引締め（総量規制）を
以ってバブル狂騒は一夜にして消滅、そこから以降は不動産の実態のない泡沫
的な経済的価値は急速に収縮し、個人も、企業も、そして金融機関までもが負
債の山を築くことになった。

　かつて日本には、"家に住み続けながら、その家を担保に生活資金を借り出
す、その返済は死後一括方式"といった不動産担保ローンは存在しなかった。
家といえば、高額な居住用資産であり、生活する場所（居住空間的効用）と、資
産価値（担保力）くらいしか想定していなかった。

　家を取得する場合は、住宅ローンも利用しながらも、多額な現金を投入する

のが当たり前であった。しかし、現金収入が途絶える高齢期には、その高額資産である家を再び現金に還元（解凍：フロー）する仕組みがあれば、老後の経済的自立が叶えられる。それが、住宅ローンとは逆向きの融資、すなわちリバーシブル・ローンなのである。

　高齢期を、夫婦だけで、あるいは単身世帯が増えている社会的方向性については衆知のとおりである。自分の家（持家）に、最後まで住み続けながら、なおかつ経済的自立も叶えたいと考える高齢者世帯は着実に増えている。

　そうしたイエが叶える“第三の価値効用”への期待はすでに社会的要請とも言える。その“第三の価値効用”は、リバーシブル・ローンの利用によって形象される。リバーシブル・ローンの利用が活発になれば、既存の住宅ストックが流動化する、住宅市場の循環性も高まる、社会的資本のサスティナビリティも高まる、ひいては環境負荷も軽減できる。そのリバーシブル・ローンの公的プランが、2002（平成14）年12月、厚生労働省社会擁護局が持家高齢者向けに創設した「死後一括償還型不動産担保長期生活支援資金貸付（リバースモーゲージ）」である。

　リバースモーゲージは、イエの財産権を、居住権（終身）と受益権（長期生活資金請求権）の、2つの異種・異質のハイブリッドな権利に分解・転換するシステムのリバーシブル・ローンであり、生存権の私的実現のための方策とも理解できる仕組みである。

　既存の住宅を現金化するだけならば売買契約（取引）でも実現できるのだが、その場合は明け渡さなければならない。しかしリバースモーゲージを使えば、その借入は死後一括返済であり、終身居住も保証されることから、少なくとも憲法第25条に明記されている高齢期の“健康で文化的な最低限度”の生存権的生活は、ぜいたくを言わなければではあるが、体現される。

　リバースモーゲージが社会保障制度のセーフティネットとして定着している欧米社会は、伝統的な個人主義社会である。翻って日本は、家を中核に据えた家制度が伝統の社会であったから、家を借金の形（担保）にして生活費を借り受けるリバースモーゲージには未だに拒否感や抵抗感を抱く人は少なくない。また、損得勘定を考える人には、住まいの土地の半分程度の金銭で家屋敷を失う取引には応じられない。こうした観点も、日本人のほとんどがリバースモー

ゲージを利用したがらない理由となっている。

　とはいえ、日本でも、近い将来、家のリバーシブル・システムは様々なバリエーションを生み出しながら、暮らしのあらゆる局面で普及していくはずである。すでに普及・定着している自動車の残価設定ローンなどもリバーシブル・ローンのバリエーションの１つといえる。リバースモーゲージも、試行錯誤を繰り返しながら、日本人に受け入れられるジャパニーズリバースモーゲージが開発される日がくる。その論拠をいくつか挙げてみよう。

　まず多くの意識調査からも明らかな点だが、伝統的な家制度は都市部ほど形骸化している。家族像にも大きな変化が起きている。日本の社会規範とも目された儒教的信念に基づいて形成された家族像はすでに崩壊しつつある。起臥寝食を共にすることで団結してきた親族集団が形成・維持できない社会構造に変わってきたからである。家族は少人数となり、地域との連帯感も希薄になってきている。家が、伝統的に保持してきた家族の精神的な拠り所ではなくなってからは、相続財から自己年金化資産に転じてくる。相続人がいない空き家、所有者不在の不動産が全国的に増えている現象が何よりもの証左となる。

　現在、金融機関が販売しているリバースモーゲージ商品の多くは、相変わらず不動産担保型ローンの範疇であり、家が体現する"第三の価値効用"が期待できない。

　未だ日本にリバースモーゲージ市場が根付かない理由や背景を、次のように整理できる。

(1) 金融市場が未成熟であり、高度な金融テクニックも乏しいことから、取引モデルにバリエーションが少ない。

(2) 移民などによる旺盛な住宅需要がない。

(3) 不動産市場の取引モデルはすでに古色蒼然であり、循環性を生み出せない。

(4) 新築住宅優遇の税制であり、中古住宅取引のインセンティブが欠落している。

(5) したがって中古住宅の担保力が脆弱、ノンリコース型リバースモーゲージが少ない。

　(6) リバースモーゲージの認知度が低い、などの各要素が連関しながら足
　　　枷となっている。

　しかし公的リバースモーゲージの利用件数が少ない根幹的な動因は、やはり
国・自治体の財政難と縦割構造であり、いまひとつは、老親の世話・介護は家
族の扶養義務として、公的支援に踏み出せない消極的な行政のスタンスがある。
公的制度のなかに、いまだに家制度の残滓がみえるだけに厄介な問題となって
いる。

リバースモーゲージは負担付き相続

　2018 年 4 月から、静岡県労働金庫が県内限定の「ろうきんリバースモー
ゲージ・ローン」を始めた。このローンは、戸建住宅かマンションに居住して
いる 50 歳以上 81 歳未満のシニアを対象として、借入元金は死後一括返済、
月々の利払い方式である。

　マンションの場合は、築 10 年以内、評価額 2000 万円以上、融資上限は
1000 万円である。マンションの居住者で、老後に「ろうきんリバースモー
ゲージ・ローン」を利用しようと考える人は、70 代に入ったら新築マンショ
ンを購入して住む、そして 81 歳の手前でローンを申し込まなければ間に合わ
ない。戸建住宅の融資は土地の評価額の 50％で最高 5000 万円まで、家屋の築
年数は問わない。地価下落が顕著な地方に住む高齢者は、土地の評価額に下限
値（1000〜1500 万円）を設けている公的リバースモーゲージが利用できない。だ
から、「ろうきんリバースモーゲージ」で助かる高齢者は少なくないはずであ
る。

　また子どもの連帯保証を要件にしているリバースモーゲージを嫌って、債務
が子どもに及ばないノンリコース型リバースモーゲージの利用者数が増えてい
る。リバースモーゲージは、その持家の所有権は最後まで利用者にあるのだか
ら、子どもが望めば相続もできる。その場合は親の借金を代位返済する負担付
き相続となり、相続税の節税効果や相続争いの緩和なども期待できる。退職後
は、「リ・バース 60」を利用して、利便性のいい場所にマンションを購入する。
80 代からはリバースモーゲージを利用して、そのマンションを現金化（年金

化）して消費していく（図3-11）。このダブル・リバーシブル・プランが、退職後の「住まいの年金化プラン」として、全国各地に普及定着すると老後が楽しみになる。

年金化できない家

　本書で言う「年金化できる家」とは、老後の住まいと暮らしが保証されるリバースモーゲージが使える家と同義である。

　リバースモーゲージの先駆的な国がアメリカだが、その堅固な制度基盤は中古住宅市場の活発な流動性にある。アメリカの中古住宅市場の取引数は国際比較においても突出している。その背景として、取引における建物調査の確立、エスクロージャーの存在、また情報公開の信頼性などが挙げられている。

　最近、日本でも、米国の取引形態に近づくような取り組みがある。しかし日米間の中古住宅取引の格差は制度的な相違からだけではない。アメリカ人は、既存の住宅ストックを、日本のように、中古住宅とは言わないで、既存住宅と言っている。「中古（used）」と考えるか、「既存（existed）」であると考えるか。どちらも、そこに住宅が存在する点では同じだが、根本的な概念上の相違が明確である。前者は、時間的な経過（新しいか古いか）を重視している。後者は、即使用できることを重視している。住宅の本義的な目的・価値は、「居住性能」にある。日本人が築後年数に拘るのは、住宅の残余年数を示唆するからであり、その年数を資産価値と考えるからである。「経過年数」の評価が定着している社会か、あるいは「居住性能」に重きを置く社会か、この違いが日米の住宅市場の格差の根底にある。

　そこに古い家がある。日本人ならば、築後40年以上経過している建物はタダ同然、場合によっては取り壊して新築したいと考える。アメリカ人は、その建物が、手を入れれば（修理修繕）まだ住めると考えられるうちはそれなりに評価する。こうした取引上の相違点も、そのまま統計上の「中古住宅取引件数」に反映されている。

　アメリカの住宅取引の8割強が既存住宅（中古住宅）である理由はいくつかある。1つは、都市計画や建築コードが細部に至るまで綿密で厳格だから、建

築確認を申請して着工、完成まで時間も費用も掛かるからである。次に、自治
体の政策的事情もある。地域の既存住宅の資産価値を維持させるために新築を
制限する、固定資産税の安定的確保と住宅地の拡大を抑えてインフラ投資も抑
える等々、その理由は戦略的であり、常態化している。

　次に、日本の中古住宅取引が低調な理由について考えてみよう。

> (1) 中古住宅を購入しても、リフォーム費用が不確定なので不安。
> (2) 中古住宅を購入しても、次に売却する時は、家屋はタダ同然なので気
>   が進まない。
> (3) 新築住宅の方が、最新の性能・機能・デザインだから安全・安心で快
>   適。
> (4) 既存の地域の中古住宅を購入すると近所付き合いが煩わしそう。
> (5) 新築住宅を購入する方が、購入後の面倒がない。
> (6) 新築住宅の購入なら、ローンの条件や税制などで有利。

　以上のような事情を逆転させるほど〝お得な税制措置〟でも政府が打ち出さ
ない限り、低調な中古住宅市場の活性化は期待できない。

　地域経済が疲弊している地方では、金融機関の融資の事情も違ってくる。新
築の収益物件（稼げる家）ならば全額融資、中古物件ならば自己資金３割以上
が必要になる。

　最近の傾向だが、既存の古い住宅地の近くに、新しく開発されたミニ分譲住
宅地が増えている。その新しい場所には、小住宅（狭小区画・２階建・駐車スペー
ス２〜３台・植栽なし）が建ち並んで販売されている。こうした小住宅は、月々
のローン返済額の設定が家賃程度の返済で購入できる価格であり、駅近くのマ
ンションとほぼ同じ価格帯で販売されている。地方では、マンションよりも戸
建住宅の方が好まれるのは、まず土地付きであり、管理費・修繕積立金が不要、
立地条件のいいマンションとほぼ同じ価格帯だからである。

　ここ数年、地方の自治体では、宅地開発に対する規制を緩和する方向性が明
らかである。既存住宅地の虫食い状態の開発をよりも、新しい宅地開発の方が
低コストでインフラも新規となり、官民共に負担が軽いからである。もちろん
固定資産税の増収も目論見に入れている。既存の中古住宅ストックに買い手が

少ない現状にはこうした背景も影響している。この先も益々空き家は増える、所有者不明の土地も増え続ける。

　既存の住宅（中古住宅）は、売れない、借り手（住み手）もない、だから「稼げない家」になってしまっている。こうした状態には明確な理由がみえる。

　まず、その既存住宅に対する購入意欲（ニーズ）が低いからである。通勤するのに使う駅の真ん前ならば、ネコの額のような狭小の土地に崩壊寸前の老朽家屋が建っている物件であっても、買い手は殺到する。なぜならば、そうした場所を欲しい人が大勢いるからである。その駅まで数分の立地条件に絶対的な使用価値と交換価値があることを確信しているからに他ならない。

　ヒトも、モノも、カネも、水が低い場所に流れるように需要のある場所に移動する。逆に、需要のない、あるいは、ヒトから忘れられた場所に、ヒトもモノもカネも流入するはずがない。さらに固定資産税の評価だけは旧態然ならば、そこに住もうと考える相当な理由が必要になる。そうした場所に住んでいる高齢者は、その住んでいる家を担保にしながら生活資金を借り出す仕組みのリバースモーゲージは利用できない。言い換えれば、こうした場所の家はどうしても「稼げない家」であり、「年金化できない家」ということになる。

　では、逆に、「年金化できる家」となるための必要条件とは何であろう。

　それは、すなわち「場所の条件」、「立地条件」である。利用目的に相応しい土地、すなわち場所の条件がその使用価値になる。しかし、実は「稼げる家」と「稼げない家」とは背中合わせの状態であり、1つ条件が変化すると簡単に反転する。たとえば道路事情の変化などは分かり易い。近くに自動車道が開通した途端にその地域の行動範囲は一気に拡大する。その好例がコンビニ経営であり、店舗の生殺与奪権は前面道路の通行量が握っている。

　不便な場所に住んでいる人が、便利な他の場所に移動していく。子どももそうした場所には戻ってこない、相続も嫌がる、不便な場所に住む人もいないから空き家になる。こうした場所に住み続けている高齢者世帯は、他の場所に移動したくても、そのための資金が足りない、また転居先で暮らしていけるかどうかの見当も付かない。

　さりとてリバースモーゲージも、担保評価が低くて利用できない。持っている資産といえば家屋敷だけ、しかも老朽化が激しくて、すでにメンテナンスが

必要だ、その資金の手当ても難しい、現金収入は公的年金だけ、援助してくれる子どももいない、いても援助が期待できない。こうした事情の地域や世帯はどうしたらいいのだろう。

　著者は、上記のような事情の方たちに向かって、単独で暮らさないで、共住、協住の暮らし方を提言している。特定非営利活動法人リバースモーゲージ推進機構は、「協住の家」の啓蒙活動を全国的に展開していく。

3　マンションとリバースモーゲージ

マンション型リバースモーゲージの構想

　社会保障制度の先細り感、少子化・長命化と核家族化などから、高齢者世帯の経済的自立が必要な社会に変わってきている。生活の利便性や移動性に優れたマンションを"終の住処"と定めて移り住む高齢者世帯も増えている。にも拘らず、マンション居住者は社会福祉協議会が扱う公的リバースモーゲージを使うことができない。公的リバースモーゲージは戸建住宅だけの土地担保融資だからである。金融機関のリバースモーゲージは、大都市圏の高額マンション対象の限定的商品ばかりであり、地方圏にもマンション居住者を対象にしたマンション型リバースモーゲージの商品開発は喫緊の課題といえる。

　税法の「有形減価償却資産の耐用年数等に関する省令」別表によると、「鉄骨鉄筋コンクリート造及び鉄筋コンクリート造」の住宅は47年、「木造又は合成樹脂造」の住宅は22年と記されている。マンションは前者の47年が耐用年数と定められている。

　みずほ銀行のリバースモーゲージの場合、対象となるマンション要件は、(1) 利用者の年齢が100歳の時点で、築年数45年以内となる物件、(2) 専有面積が50 m^2 以上の物件、(3) 自宅の評価額（みずほ銀行所定の方法による評価）が1坪当たり250万円以上かつ総額5000万円以上となる物件と限定してる。また対象地域も、東京、神奈川、千葉、埼玉に限定していることから、大都市圏型のリバースモーゲージである。

　みずほ銀行のリバースモーゲージを、80歳になったら利用しようと考えるならば、申込時に築後25年以内のマンションに居住していなければならない。

ここでも、ヒトとイエの関係における年数差（時間差）が問題になる。

　先述の「ろうきんリバースモーゲージ」のマンション要件は、申込時で築後10年以内かつ担保評価額2000万円以上の物件であり、融資額は担保評価額の50％が上限、さらに1000万円以内である。また利用者要件は、申込み時に満50歳以上、満81歳未満であり、夫婦または1人で居住している方と限定されている。

　80歳になったら、「ろうきんリバースモーゲージ」のマンション・ローンを申し込もうと考えている静岡県内在住の方ならば、70歳過ぎてから新築マンションを購入しなければならない計算である。

　日本人は、これまで土地神話を常識としてきた。建物は精々40〜50年が寿命、20年経てば売買取引ではタダ同然、現在でもこうした通念は変わらない。だから、融資側も、土地と建物が一体化したマンションの担保力には不安感が拭えない。

　後述しているが、アメリカの公的リバースモーゲージ（HECM）であっても、コンドミニアム（分譲集合住宅：コンド）には戸建住宅とは別の要件を定めている。コンドの構造上の制約もあるが、入居者調査がある。入居者の半数以上がオーナーでないと原則融資しない。不動産投資目的で住戸を所有しているオーナーが過半数であるコンドの場合は、そこの入居者にはHECMを利用させない。そうした規約の含意は、コンドの資産価値（担保力）のサスティナビリティには時宜を得たクオリティの高いメンテナンスが不可欠と考えているからである。

　集合住宅であるマンションには、戸建住宅と異なったメリットもデメリットもある。一般的なとらえ方として、マンションは好立地であり、生活利便性が優れている、自然災害に対する安全性も高いとされている。したがって、貸家とする場合であっても安定的な家賃収入が見込める。またマンションの場合は、毎月、修繕費の積立・管理費を所有者が負担しているから建物のサスティナビリティも確かである。

　戸建住宅の担保価値を形成しているのは主として土地だが、土地（更地）だけでは居住性能はない。建付地となって初めて宅地としての価値効用が生まれる。空き家や空き地が増えている場所にある土地はなかなか次の買い手が見付

からない。そうした土地に資金回収の担保価値はなくて、租税負担や管理負担から負債化に転じる。

　片やマンションは、当初から居住性能があり、立地条件も悪くない。次の買い手や住み手が見付かる確率は戸建住宅よりも高い。今後は、高齢者層に終の住処としての需要が見込まれる。デメリットとすれば、居住空間を拡大することができない。他者の住居が、上下階や横にも床や壁一枚で隣接している、設備関係では大規模修繕が必要になる、建て替えもある等々が挙げられる。

　ここで、マンション向けの民間制度リバースモーゲージの条件を羅列する。

(1) マンションの築後年数については、借り手が 100 歳の時に 45 年を目安とする。

(2) 借り手に対して、必要な健康診断書の提出を求める場合がある。

(3) 貸し手と借り手の双方の合意があれば、途中からでも信託契約に切り替えられる。

(4) 一括融資の他に、月々の一定額融資も選択できる。

(5) 利払いは毎月、元金は死後一括返済方式とする。

(6) 原則、ノンリコース型ローンとする。

(7) 共同担保も検討する。

(8) 同居は親族のみとし、その場合は同居人の承諾書を要する。

(9) 事前のカウンセリング受講を義務付ける。

(10) 社会福祉協議会の任意後見サービスの利用を要求する場合もある。

(11) 終身住宅年金契約も検討する。

(12) 借り手の死亡、永久的転居によって契約は終了する。貸し手は直ちに元金の一括返済の事務に取り掛かる。

　マンション型リバースモーゲージの普及版が商品化すると、次のような社会的効果が見込まれる。

(1) マンション居住者の老後の住まいと暮らしを同軸的に支援できる。

(2) マンションの取引が活発化し、マンション市場が活性化する。

(3) マンションの資産価値のサスティナビリティが補強される。

(4) 公共インフラのコンパクト化が進み社会的コストが軽減する。

(5) 金融機関や住宅関連業界への一石となる。

(6) リバースモーゲージを組み込んだマンション開発が始まる。

(7) リバースモーゲージ制度の研究者へのインセンティブとなる。

担保力の検討

　日本のリバースモーゲージ制度においては、貸付担保は土地の評価額だけに限定しており、建物（家屋）の評価額は算入しない（図5-4）。その理由とすれば、高齢者の持家の多くが老朽化している点と、清算時にはほとんど担保価値が損耗していると踏んでいるからである。この制度規約は、区分建物であるマンションを対象から除外していることにもつながっている。マンションの権利体系は区分所有権であり、土地の権利は敷地利用権であるから単独処分できない。この点が、マンションをリバースモーゲージの対象外としている主な理由である。マンションの場合でも、一定の制約を付しながらもリバースモーゲージを利用させている金融機関もあるが、戸建住宅（70％）よりも担保評価額は低く（50％）相対的に不利である。所有者と賃借人が混住する形態の集合型の居住用財産であるマンションは権利関係が複雑になりがちであり、大規模修繕や建て替えなどの合意の取り付けが難しい点もある。アメリカのリバースモーゲージでは、高齢者の居住する住宅の家屋は土地に付着した財物であり、一体財産と看做している（図5-5）。

　居住用財産の一部（土地）だけに限定した担保力（換金性能）と、そのまま居住性能を維持している不動産の担保力（サスティナビリティ）とでは、格段の隔

図5-4　日本のリバース
　　　　モーゲージ制度

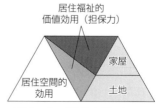

図5-5　米国のリバース
　　　　モーゲージ制度

たりがある（図5-4、図5-5）。

　日米間の不動産評価に顕著な相違点は、不動産の権利体系の事情からも生じているのだが、利用価値を優先的に評価する制度と、経過年数など構造的価値をベースにして評価する制度の相違であり、不動産の概念的な違いと無関係ではない。日本のリバースモーゲージでも、帰属家賃の評価についても担保評価するべきである。

帰属家賃評価

　本書では、「住まい」の価値効用について、空間的効用と社会的環境価値、そして経済的価値の3つを掲げている（図3-5）。最初の住まいを購入する際は、周辺の家賃相場を参考にしながら、毎月の返済計画を考えたはずである。一般的な話として、家賃は経費だが、住宅ローンの返済は自己資産の形成になると考えて、住まいの取得に踏み切ったはずである。

　帰属家賃とは、家賃負担がない持家についても、借家と同様の居住用空間を使用する便益や効用があり、それを市場価格で評価する帰属計算上の家賃の意であり、実際には家賃の受払を伴わない計算上の家賃を指している。

　築後30年経過している中古住宅であっても、借家として賃貸借契約する場合はなにがしかの家賃を支払うことになる。10年間は10万円、そこから先は5万円、そうした想定から算定される家賃負担総額を、著者は「帰属家賃評価」と定義して、その中古住宅の経済的価値としてカウントするべきと考える。

マンション居住者の永住意識

　国土交通省が発表した「平成30年度マンション総合調査」によると、まず分譲マンションの居住者の高齢化が進んでいる点、次に築40年以上のマンション居住者に永住意識が顕著な点などが明らかである。同調査の回答者のうち、62.8％が「永住するつもり」と回答した。年齢別でみると、年齢が高くなるほど永住意識も高かった。前回調査との比較では、「永住するつもり」は52.4％から62.8％へ増加し過去最高となる一方、「いずれは住み替えるつもり」は17.6％から17.1％へやや減少している。

　今回の調査による永住意識の高さは過去最高であり、マンションを終の住処

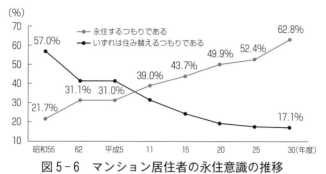

図5-6　マンション居住者の永住意識の推移
出所：国土交通省「平成30年度マンション総合調査」より作成。

とする意識が明らかに高まってきている（図5-6）。

　マンションの世帯主の年齢については、「60歳代」が27.0％で最も多く、「50歳代」（24.3％）、「70歳代」（19.3％）、「40歳代」（18.9％）と続く。2013（平成25）年度に実施した前回調査と比較すると、「30歳代」が7.8％から7.1％へ減少する一方、70歳代以上は18.9％から22.2％へ増加している。また完成年次が古いマンションほど70歳代以上の割合は高くなっており、特に1979（昭和54）年以前のマンションでは、70代以上の割合は47.2％にも達していた。

戸建住宅とマンションの属性比較

　表5-2は、戸建住宅とマンションの属性について比較している。

　厳密性には欠けるが、おおよその違いがイメージできるはずであり、各項目について、いちいち詳細に説明するのは次の機会に譲りたい。

　戸建住宅が「個住」ならば、マンションは「集住」であり、あらかたの違いはその構造や規模の違いに基因している。本書でも取り上げているテラスハウスは戸建住宅の変形であり、コーポラティブハウスも然りである。

　いまひとつ、所有権の種類に基因している違いもある。戸建住宅は、通常は単独の所有権であり、マンションは区分所有権である。しかし戸建住宅であって区分所有権のケースもあるから、必ずしも構造や外観と権利関係が一致しているとは限らない。

　戸建住宅とマンションを比較しながら、それぞれの価値や効用についてあれ

表 5-2　戸建住宅とマンションの属性比較

		戸建住宅	マンション
1	規模・種類	低層、単独住宅	中・高層、共同住宅
2	構　造	木・鉄骨・鉄筋コンクリート造	鉄骨・鉄筋コンクリート造
3	居住世代	子育て世代向き	若い世代・シニア世代向き
4	居住世帯数	多世帯同居も可能	単独世帯向き
5	地域性	地方向き	都市部向き
6	近隣とのコミュニケーション密度	高・中	低
7	生活利便性(交通・生活インフラ)	中・低	高
8	不動産の権利	単独所有権・借地権	区分所有権・借地権
9	不動産の処分方法	土地と建物の単独・分離性	専有部分と敷地利用権の非分離性
10	構造的加工の許容範囲	建物と土地のすべて	専有部分の内部（内壁面）空間のみ
11	管理・修繕	自己責任	共同責任
12	利用・変更・建て替えの決定	自己判断	合議制（多数決・管理規約）
13	空間デザイン	自由設計	パターン設計
14	建物の性能・機能レベル	中・低	高・中
15	資産価値の持続性　土地	高（所有権）	低（利用権）
	資産価値の持続性　建物	平均的寿命 40 年程度	平均的寿命 40～50 年
16	資産価値の評価ポイント	主として土地	立地条件と建物（築後年数と性能）
17	担保力	高	中・低
18	知名・視認性	低	高・中
19	収益性（家賃）	多様性（居宅・各種事業所・民泊）	限定性（居宅・制限的民泊）
20	住み替え・買い替えの難易度	難	易
21	"住まいの年金化"の適性度	高・中	中・低
22	リバースモーゲージの適性度	高・中	中・低
23	リバースモーゲージの貸付限度	土地の評価	専有部分と棟全体の総合評価
24	空き家化リスク（人口動向）	高・中	低
25	"終の住処"としての適性度	低・中	高
26	"お独りさま"住居の適性度	低・中	高

出所：住宅資産研究所作成。

これ考えを巡らすことは、老後の生活設計や終の住処を検討する上で必要なことである。

　著者は、「住まい」について、次のように俯瞰している。

(1) 人生100年時代は、「住まい三遷の時代」と言い換えられる。

(2) 人生で最初に購入する住まいは職場に近いマンション、やがて家庭を持ち子どもが生まれたら郊外の庭付きの戸建住宅、退職して夫婦だけになったときは生活が便利な場所のマンションに住み替える。

(3) 戸建住宅の場合は、建物を解体した後も土地が残る。その地域の住宅需要との兼ね合いで現金化できたり、空き家・空き地として持ち続けたりする。

(4) マンションの場合は、その推定残余年数と住み手の年齢（余命）との関係を検討する必要がある。マンションが老朽化すると、次は建て替えのための準備が始まる。たとえば、住んでいるマンションが建て替えまでおおよそ20年残すとすると、住み手が80歳以上ならば問題はないはずである。

(5) マンションの資産価値は、入居者の種類（オーナー、テナント）や管理体制と密接に関係している。後述している点だが、アメリカの公的リバースモーゲージ（HECM）の対象要件が好例となる。

(6) 戸建住宅であれ、マンションであれ、現在の住まいを終の住処と決めているならば、その年金化を叶える公的制度を利用することで、少なくとも老後の住まいと暮らしについては安心できる。しかも、空き家も空き地も残さない。ただし、この生活設計は、社協の不動産担保型生活資金貸付が後述するような抜本的改定が施されて、また新たに公的セール・リースバック制度も創設されている、といった想定に基づいている。

　　この先、政府が、戸建住宅でもマンションであっても、終の住処の「年金化」を制度化できないとすると、これからの老後は楽観視できなくなる。

4　住み替えとリバースモーゲージ

「住まい三遷」の時代

　人生100年時代を迎えた日本では、これから先、高齢期の「住み替え」は、至極、当たり前のことになる。

　日本人の着実な長命化があり、2018（平成30）年の平均寿命が女性87.32歳、男性81.25歳だから、女性90代前半、男性80代後半までを想定しておく必要がある。90代に入ると、その約半数が認知症と言われていて、その自立生活能力は著しく減退する。また親子同居の世帯が減少し、夫婦だけや高齢者単独の世帯が増えている。すなわち家族力は低下、したがって最後まで自立生活を余儀なくされる。

　地方に顕著な生産年齢人口の減少は自治体の体力を削ぎ、生活圏のインフラを脆弱化させている。地域の生活インフラの未整備や脆弱化は、高齢者世帯にとっては死活問題となり、生活利便性を求めて、自助的、自衛的な移動（住み替え）の動機となる。高齢期の住み替えの理由として、子どもとの同居、あるいは隣住・近住などのケースも少なくない。

　自立生活能力が減退しているのに、「住み替え」にまで至らない高齢者、その場所を離れたくない、あるいは様々な事情で住み替えしない（できない）高齢者は、最低限度必要な食事や入浴などのデイサービスを受けられる介護支援事業所まで、定期的に送迎バスで通所しながらギリギリの在宅自立生活を維持している。このパターンも、高齢者が日帰りで生活の場を移動する、言い換えれば一日単位の「住み替え」とも理解できる。自治体も、地域包括支援センターなどを設けて、高齢者の生活全般にわたる細かい支援サービスを提供している。

　自立生活が難しくなる高齢期には、ある時期から第三者による生活支援が必要になる。そうした事態に備えて自主的にケア付き施設に住み替えるケースも増えている。なかには自治体が介護保険法に基づいた措置として、半ば強制的に介護施設に移す措置入所などで住み替える（住み替えさせられる）高齢者もいる。何度も触れる点だが、毎年更新されている平均寿命の延伸が、本人の自立能力と寿命とのギャップをますます拡大する方向に働き、認知症リスクなども高める要因となっている。これからも医療技術の高度化やAIの導入、また生活環境の整備が進み、さらに日本人は長生きする。改めて、日本人は、これまで以上に老後の住まいと暮らしについて考えを巡らし、学びなおす必要がある。

　人生100年時代においては、「高齢期の延伸」と「住み替え率」は連動する（この場合の住み替え率は生存権的理由に因るものである）。「高齢期の延伸」によって、

介護医療サービスへ対する依存度はさらに高まり、当然、その個人負担も膨らんでいく。したがって、老後に備えた金融資産の備蓄は、これまで以上に必要度を増すことになる。

　居住している持家（固定資産）をそのまま年金（流動資産）化するリバースモーゲージの必要性については改めて説明を要しないが、今後は、高齢者の住み替えに柔軟に対応する公的リバースモーゲージの創設は国の責務となる。

高齢者の「住み替え」動機

　表5-3を参照しながら、高齢者の住み替え動機について考えてみよう。

（1）「経済的な理由」

　経済的な必要があって自宅を売却し、他の場所に引っ越すケースを想定している。高齢者が住んでいた家を売却する場合は、譲渡益特別措置なども利用できる。売却することによって、将来の市場の値上り利益は失うが、下落のリスクも回避できる。

　全国的な空き家増加が問題視されている昨今の不動産事情からすれば、不動産を現金化できる利益、不動産を持たないメリットなどが享受できる。

（2）「生活の利便性」

　この動機については、格別、説明を要しないだろう。移動能力が減退する交通弱者となると、暮らす場所は生活する上で必要となる商業施設や公共交通サービスや文化施設などが徒歩圏にある利便性が望ましい。また知人友人などとの交流の簡便性も重要な動機となる。

（3）「家族の条件」

　本書では、高齢者本人や配偶者の住み替え動機として取り上げているが、夫婦ともにクルマの運転が難しくなる、あるいは健康上の事情、たとえば人工透析が必要な場合は医療施設とのアクセスの確保は生存権的な動機となってくる。

表5-3　高齢者の住み替え動機

(1)	経済的な理由	家の売却（現金化）
(2)	生活の利便性	生活インフラの適否
(3)	家族の条件	自立生活能力の減退
(4)	場所の条件	移動インフラの適否
(5)	環境の条件	災害リスク（自然）

（4）「場所の条件」

　（3）の動機と密接な因果関係がある。過疎化の地域に居住している高齢者の場合は十分な介護医療サービスが期待できないからである。人口減少などで自治体の規模・財政力も減退、住民サービスも低下、生活インフラも縮小となると、高齢者にとってその場所での自立生活は難しくなってくる。

（5）「環境の条件」

　主に災害リスクを想定した動機である。最近各地で甚大な自然災害が多発している。生命や財産を護るために自然環境の安全性が重要視されてきている。

　上述したとおり、住み替える、あるいは住み替えざるを得ない場所・地域にある住まいの場合は、リバースモーゲージの利用が極めて悲観的である。逆に、リバースモーゲージが利用できない場所・地域だから住み替える、そうした動機も、今後は想定していかなければいけない。

　また高齢者が住み替えに当たって注意しなければならない点は、住み替えた後、空き家になった家にも、相変わらず課税される固定資産税の負担がある。こうした現状は、福祉国家を標榜するならば、早急に対処すべき課題である。持家の高齢者に対しては、畏敬の念をもって、その終末期を穏やかに過ごせるような税制措置を講じるべきであり、その論拠は憲法第25条にも明白である。とりあえず困窮家計の持家高齢者を対象とする固定資産税延納型リバースモーゲージ制度を早急に検討すべきである。

住み替え支援型リバースモーゲージの構想

「住み替え支援型リバースモーゲージ」としては、「共同担保型プラン」と、「単独担保型プラン」の2つのプランが考えられる。

(1) 「共同担保型プラン」とは、「住んでいた家（前の家）」と「住み替えた家（次の家）」の両方を担保にするリバースモーゲージであり、次の特徴がある。

① 担保評価が2カ所になり借入額が増える――利用者側と融資側の双方に好条件。

② 前の家が処分できれば現金化できる――利用者側と融資側の双方に好条件。

③ 前の家には終身居住権が生じない――融資側には好条件。

担保物件が複数だから、「前の家」を売却する、貸家にする等の方法で現金化、あるいは収益化できる。利用者には借入れ返済の可能性、融資側も資金回収の可能性が高まる。

(2) 「単独担保型プラン」では、「住んでいた家」だけを担保にするリバースモーゲージであり、住み替え先は対象外とする。このプランの場合は、住み替え先がマンションであっても問題ない。高齢者が住み替える場合は、生活の利便性や簡便性からすると、戸建住宅よりもマンションの方が適しているかもしれない。現在でも住み替える場合の諸費用を融資するリバースモーゲージは存在するが、住み替え先がサービス付高齢者向け賃貸住宅だけに限定されている。前の家については、貸家でも空き家でも土地を担保にした融資である以上、何ら問題はない。正確にはリバースモーゲージではないが、「住んでいた家（前の家）」を第三者に貸して家賃収入を得る方法がある。本書で取り上げているビアジェ型リバースモーゲージなども利用できる。このプランの場合は譲渡担保設定型金銭消費貸借契約に類似した融資となる。

こうしたいくつかの選択肢はあるのだが、ここで問題となる点は、「前の家」に次の「買い手・借り手」が見付からない場合である。「住まい」としての性

能・機能・デザインに遜色なくても、その地域環境に問題がある場合もある。たとえば、育児所、保育園、幼稚園、小中学校などの教育施設、バス便などの交通手段や日常生活に必要な食品販売店やクリニックなどがない地域、あるいは、かつてはあったが撤退してしまった地域、こうした場所の家を担保にして融資する金融機関もないし、支援機構（JTI）も借り上げてくれない。となると、子どもに買い上げてもらうドメスティック契約の検討もあるのだが、子どもがいなければ選択肢にはならない。

　かくいう事例は全国的にも増えていて、何らかの行政支援も必要となる問題である。

　まず、土地は（建物もだが）、使用してもしなくても所有者負担がある。また、一度、宅地として使用すると、更地になっても宅地としての課税が続く。

　次の所有権者に名義変更するまでは、宅地として使用しない旨を自治体に届け出て、「非宅地」として税率を引き下げられる地方税特別措置を今後は検討するべきである。また自治体は、困窮家計の高齢者の持家に対してはリバースモーゲージ型固定資産税延納制度の創設も俎上に載せるべきである。この場合のリバースモーゲージ型とは、元利の死後一括返済という意味である。本義的には、租税の負担は応能負担が原則である。地方税となる固定資産税の課税は、実態と乖離していてもその対応は遅く、不公平で不公正な税制となっている。

　では、上述の事情とは違って一定の担保評価額が査定できる「前の家」の場合ならば、次のようなメリットも見込めるし、その返済方法を死後一括返済方式のリバースモーゲージ型とすれば、住み替え先の自由度は増して選択肢も増えるし、個々人の暮らし方に相応しい住み替えができる。

(1)「前の家」の担保力（評価額）だけで借入れ──要件に満たないケースもある。

(2)「前の家」が処分しやすくなる──利用者は借入れが返済できる。

(3) 空き家なので資金回収が容易になる──融資側には好条件。

(4) 終身居住権が生じない──融資側には好条件（処分しやすい）。

(5)「次の家」が自己所有物件（持家）でなくてもいい──経済的負担が軽減。

（6）「次の家」の選択肢が増える——施設入所が検討できる。

（7）「前の家」を処分しなくても済む——賃貸物件化（稼げる）できる。

（8）住み替えが容易になる。

　前者の共同担保型プランの場合は、住宅金融支援機構の融資保証保険が付いた「リ・バース60」などの利用も視野に入る。

　金融機関のリバースモーゲージのなかには、類似のローン商品もあるが、実際には限定的であり、家の最低担保評価額や借り手の安定年収などの制約が設けられている。

　一般的な住宅ローンのニーズにも先細り感があることから、長命化するシニア層をターゲットにした「住まいと暮らし」を支えるローン新商品の開発は、金融機関はその存続にも関わる取り組みとなるはずである。

第6章　概説　公的・民間リバースモーゲージ

　日本の公的リバースモーゲージ制度といえば、厚生労働省が社会福祉協議会を窓口にして提供している「生活福祉資金貸付制度（不動産担保型生活資金貸付）」がある。しかし、その利用者は、市町村民税非課税、あるいは均等割課税の低所得世帯に限定された、困窮家計の高齢者向けの生活資金の補給といった性格の制度であり、持家高齢者ならば誰でも利用できる一般向けの制度ではない。また、さらに逼迫的な困窮家計で生活保護が必要と判断された持家高齢者世帯を対象にした、いわゆる「要保護世帯向けリバースモーゲージ制度」もある。

1　リバースモーゲージ市場の活性化に向けて

リバースモーゲージの普及を阻む要素

　日本でも、2000年頃からリバースモーゲージを扱う金融機関が現れてきた。しかしバブル崩壊後の不動産市場は全体的に低迷、リバースモーゲージに対する認知度も低く、口端に上るまでには至らなかった。その後、各地で金融機関がリバースモーゲージを扱い始めたが、その多くは現在も実績が上がらないままである。そうしたなかで、東京スター銀行のリバースモーゲージ「充実人生」だけは、首都圏を中心にしながら、着実に成約件数を伸ばしてきている。その商品設計が、富裕層には相続税対策に、中流層には生活の余裕資金に利用できて、なおかつ使った金額だけの利息負担などが合理的であり、日本人の暮らし向きに馴染みのいい内容だからである。同行は、最近は地方銀行とも業務提携しながら全国展開に踏み出している。

　しかし、本書で注視している問題点は、地方の持家高齢者が使えるリバースモーゲージが依然として少ない実態である。

　そもそも日本人は、リバースモーゲージを老後の住まいと暮らしのセーフ

ティネットとして評価していない。こうした実態の背景や制度的な課題について、整理し分析した研究報告や文献を多く目にする。それらの研究成果に通底している論点とすれば、制度の三大リスクであり、それに対応する政府系の保険の欠落であり、中古住宅取引の低迷などに集約される。そして、異口同音に、人生100年時代の日本にはリバースモーゲージが必要な社会福祉制度の1つであると結論されている。

　本書では、経済分析や金融システムからの視点ではなくて、利用者側、すなわち持家高齢者からみたリバースモーゲージの隘路について、次のように整理している。

(1)　まず、リバースモーゲージを利用したくても、近くにそれを扱う金融機関がない。最近の金融業界は経営の合理化と効率化から、合併・統合の渦中にあって、地方の店舗数は減少傾向にあることから、別のアクセス方法を検討する必要がある。

　　　また地方の金融機関が扱うリバースモーゲージの大半は、人的保証が必要であり、利用のハードルは高い。推定相続人は、連帯保証するか、同意・承諾書の提出を求められる。親子関係が壊れている、あるいは交流が途絶えている家族は少なくない。逆に、こうした親子関係だから親は老後を自立するためにリバースモーゲージを使いたい。しかし、地方の金融機関のリバースモーゲージには制度リスクを回避したいためにノンリコース型ローンが少ない。

(2)　社会福祉協議会（社協）が扱う不動産担保型生活資金貸付の利用状況は低調であり、社協も積極的には取り組んでいない。そもそも融資対象を要生活保護状態に近い困窮世帯としているために、一般の世帯向きではない。さらに門戸を狭くしている規約は推定相続人の連帯保証を求めている点であり、生存権的必要性から融資を受けたい高齢者にとっては面倒で厄介な規約となっている。公的リバースモーゲージこそ、完全なノンリコース型ローンとするべきであり、この点に議論の余地はない。

(3)　社協の公的リバースモーゲージは、担保評価の下限値を全国一律で1000〜1500万円と設定している。地域性が最も的確に反映される地価の下限値を、大都市圏と地方圏を同額と定めている含意は理解に苦しむ。

　公的リバースモーゲージの場合は持家の土地だけの担保評価である。これは融資してから先の家屋の老朽化を想定しているからであろう。だからと言って、マンションを対象外としている現行制度は明らかに誤りである。マンションの居住者は、例外なく、月々、修繕費を積立て管理費も負担していることから戸建住宅よりも保守管理は行き届いている。高齢者が、終の住処と定めるマンションの場合は、公的リバースモーゲージの対象としなければならない。

　公的リバースモーゲージには見直しがまったくない。社会の変化に適応した改廃が行われないから、その形骸化は当然の帰結である。

リバースモーゲージの人的条件の課題

　金融広報中央委員会の「家計の金融行動に関する世論調査（2019 年）」によると、2 人以上の世帯における金融資産は、60 代で平均 2203 万円、70 代以上で平均 1978 万円となっている。60 代の老後が 30 年間として計算すると、月6 万円の切り崩しが限界であり、公的年金の不足分を補うことは難しそうである。

　また、総務省統計局の「2018 年版・家計調査」の結果によると、平均的家計の最大資産となる持家（住まい）は、60 代が 88.60%、70 代以上では 85.8%の持家率であり、現役時代の収入の大半が居住用資産となっている。したがって、冒頭の切り崩しの計算からしても、住まいはもはや相続財産ではなくて、老後の自己年金化資産となり、リバースモーゲージへの期待は必至である。

　しかし「終身在宅」を融資要件にしている公的リバースモーゲージでは、在宅で自立生活の継続が困難になってきたときは元利一括返済を想定する必要がある。

　借り手が 80 代後半でリバースモーゲージを利用したとする。家の中で転倒した、階段を踏み外した、圧迫骨折して寝た切り状態になった。在宅居住が難しくなって高齢者ケア施設に入所すると、現行のリバースモーゲージでは、この瞬間から元利一括返済の清算段階に入る。貸し手はともかく、借り手にしたら不安で安心できない仕組みである。あるいは、老後の生活資金を死後一括返済方式で融資するリバースモーゲージの仕組みは、本人に判断応力が保持され

ていることが前提となっている。しかし80代後半に入ると、認知症発症リスクはその半数近くとまで言われている。認知症発症は第四の制度リスクとなってきている。言い換えれば、長生きが、担保割れリスクばかりか、利用者本人の加齢や傷病による判断応力の衰耗など厄介な契約履行リスクとなり、人生100年時代を想定していない仕組みのままである。

　通常のローンの場合は、融資と返済の相対的関係におけるカネの流れを数値的に捕捉できるのだが、リバースモーゲージでは、さらに債務者の人的条件の変化も想定した仕組みが必要となる。

　以上の視点から、公的リバースモーゲージの人的条件の課題を整理してみる。

(1) 借り手の判断応力や自立生活能力に問題が生じて、やむなく外部に転出するケースでは、借入返済は従来通り死亡後一括方式とし、貸し手は、住まいの所有権移転請求権仮登記を以って返済を担保する。いずれにしても、借り手の終身在宅規約は、平均寿命が90代に届く長命化を想定した検討を加えて早急に改定する。

(2) 借り手と貸し手の双方に異存がない場合に限って、リバースモーゲージを、途中で、譲渡予約付金銭消費貸借契約に切り替えることも可能と改定する。

(3) 借り手の意思で、途中であっても、住まいの管理処分を家族信託契約に切換えて、リバースモーゲージを継続できるように改定する。

(4) 借り手から申し入れがあれば、主たる住宅以外に所有している不動産にも共同担保設定できるように改定する。

(5) 担保割れした場合でも、借り手の終身居住を保証する旨、契約書に明文化する。

(6) 借り手（配偶者）の両親以外にも同居人を認めるよう改定すべきである。要介護状態に陥った借り手にも終身在宅を課している点と齟齬しているからである。

高齢者の自立経済行為の危うさ

2020（令和2）年3月、最高裁判所事務総局が発表した「家庭局成年後見関

係事件の概況」から読み取れる実態は、超長命社会の縮図ともいえるものである。高齢期に抱える問題として、健康面や経済面の不安もあるが、それ以上に問題視されるのは、人権的問題にも発展する恐れのある本人の判断認知能力の衰耗であり、日常的な自立生活能力の減退である。

　本書でも随所に触れている点だが、高齢期に入ると自立生活能力が低下して第三者支援が必要となる確率は高まってくる。成年後見制度は、財産管理では直截的な効果はあるが、人間的尊厳に対する配慮まで期待できない事務的処理に過ぎない仕組みであり、また被後見人の費用負担も決して軽くはない。

　後見人の開始理由とすれば認知症が最も多く、全体の63.4%を占めている。後見を申し立てる人は、本人の子が全体の約22.7%で最も多く、次いで市区町村長が約22.0%、本人が約18.6%の順である。市区町村長からの申し立て件数の対前年比は確実に増えている。同資料によると、被後見人は、男性では80歳以上が最も多く全体の約34.8%、次いで70歳代が約25.4%、女性では80歳以上が最も多く全体の約63.4%、次いで70歳代が約18.5%であり、男女差が明らかである。男性の高齢期の単独世帯が問題視されるのは、こうした事情に基因している。

　いまひとつ、同資料が示唆する点だが、長命化が、担保割れリスクになる以前に、本人能力の減退衰耗がリバースモーゲージ契約の継続を危うくする確率が高まっている。その本人能力喪失リスクへの対応策として推奨したいのは、1つは家族信託（民事信託）を停止条件とするリバースモーゲージの取り扱いである。その場合でも、契約当初から信託契約型ではなくて、その必要が明らかになった時点を停止条件と定めた契約の方が、利用者側にすれば問題が少ないはずである。

　また、現行の公的リバースモーゲージが、利用者夫婦とその両親以外の同居を封じている規定も制度的に矛盾している。家族の同居が認知症を予防・軽症化させる効果を度外視、あるいは軽視しているからであり、世帯の孤立化は逆にリバースモーゲージの普及や発展を阻む懸念がある。

　リバースモーゲージの制度特性として、利用開始が65歳以上の高齢期であることから、利用者（債務者）の加齢が問題化する可能性は明白である。アメリカの公的リバースモーゲージ（HECM）でも、利用者の法的能力の喪失は課

題となっている。2018 年の平均寿命（男女）の日米比較によると、アメリカ人は 78.54 歳、日本人はさらに 5.67 年長生きで 84.21 歳である。雑駁な話をするならば、アメリカの HECM よりも、日本のリバースモーゲージの方が長生きの制度リスクの確率が高いといえる。リバースモーゲージは、利用者の加齢と負債の増加といった相反性ジレンマを内包した構造であるから、住宅ローンとはまったく異質な配慮が必要なことに気付かなければならない。

成年後見制度支援信託・支援預金

　この先、平均的な日本人の高齢期のイメージは 70 代から 90 代にまで及ぶ。せん妄や認知症に陥る可能性はさらに高まり、高齢期の生活自立能力は著しく弱まる。こうした高齢期に、持家であっても、その法制度上の財産権（所有権）の保持よりも、むしろウエル・ビーイング・ライフ（Well-being Life）の確保に有効な権利への転用・流動化の方が現実的であり、福祉的である。言い換えれば、住まいの「所有権」を、「利用と交換」に分解・変換するプログラムのリバースモーゲージを利用することで老後の暮らしが安全で安心できる。世界的にも長寿国の日本においては、そのリバースモーゲージには、とりわけ成年後見制度や信託契約などの第三者管理機能が必要となる。成年後見制度とは、認知症・精神障がい・知的障害などで判断能力の不十分な方々の「財産管理」や「種々の契約締結」などを支援し、不利な契約や悪徳商法などから保護する仕組みである。

　2012（平成 24）年 2 月から、認知症などで判断力が衰えた高齢者の財産を護る成年後見制度のサポートとして後見制度支援信託の利用が始められた。本人の財産のうちから、日常的な支払に必要十分な金銭を預貯金等として後見人が管理し、通常使用しない金銭は信託銀行等に信託する仕組みである。この支援信託は、信託契約を使って、大きな財産は信託銀行が預かり、家庭裁判所の了承がなければ引き出せないとする新しい取り組みである。後見制度にまつわる不正事件の多発を受けて、その利用件数は急増している（図 6-1）。

　2018（平成 30）年 6 月から、後見制度支援信託に加えて、これと同様の仕組みとなる後見制度支援預金の利用についても運用が始まった。後見制度支援預金が通常の預貯金と異なる点は、後見制度支援預金口座の入出金や口座解約な

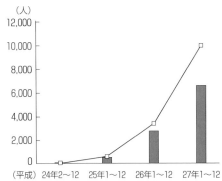

図 6-1　後見制度支援信託の利用実績
出所：最高裁判所事務総局家庭局「後見制度支援信託の利用
　　　状況等について──平成 27 年 1 月〜12 月」より
　　　筆者作成。

どでも、予め裁判所が発行する指示書が必要であり、後見制度支援信託と同様に、本人財産の保護を簡易・確実に行うことができる。また後見制度支援信託の場合はその取り扱いは信託銀行となるのだが、後見制度支援預金は本人が日常的に利用してきた信用組合や信用金庫でも開設できることから、信託銀行等がない地域では便利になった。

　本来、信用金庫は、地域の顧客と長期間にわたって親密な関係を築いてきた「地域密着型金融」であり、近年、オレオレ詐欺など高齢者を狙った犯罪も多発していることから地域生活の活性化と安全・安心化に貢献できる窓口業務にも、これまで以上に熱心に取り組んできている。

　静岡県東部の沼津信用金庫では、地域の成年被後見人の財産保護についても、日頃の業務を通して重く受け止めていた。そこで同庫は、全国に先駆けて独自に「後見支援預金」を開発し、2017（平成29）年 7 月 3 日から、その取り扱いを始めた。また同庫は、2017（平成29）年 5 月に設立された一般社団法人しんきん成年後見サポート沼津[1]とも連携しながら、地域の成年後見制度に関わる様々な問題にも積極的に対応している。

　高齢者の持家を原資にしながら、安全・安心な老後のソフトランディングを支援するリバースモーゲージを実現するためには、従来の金融市場や不動産市場に定着している取引慣習から脱却して、共有・共用（シェア）、さらに交換・交替といった領域にまで踏み込んで、新たな契約概念を探り当て、その具現化に果敢に挑まなければならない。

　たとえば、戸建住宅の場合で考えてみよう。通常、住宅は土地と建物、その設備まで、すべて単独で所有する個人資産であり、排他性が極めて厳格である。

　1）NPO 法人リバースモーゲージ推進機構は、その設立に参画している。

しかし近接する他者と、それぞれのスペースや設備には共有・共用（シェア）・システムを取り込み、さらには権利関係に信託機能まで付帯させた協住組合型デザインならば、人生100年時代に相応しい自立生活支援型コミュニティが現実的となる。著者が提唱する「協住の家」が、その1つのモデルとなる。

日米比較から読み解くリバースモーゲージ

　日本のリバースモーゲージの歴史は新しい。1981年に、東京都武蔵野市の（財）武蔵野市福祉公社が始めた福祉資金貸付サービスが日本のリバースモーゲージの嚆矢であり、その後、他の自治体も追随した。厚生労働省のリバースモーゲージも2003年度から始められている。一部の金融機関やハウスメーカーのリバースモーゲージなども販売されているが、そのいずれもが商業的であり、居住福祉制度として広く一般に普及する性格の仕組みではない。したがって利用件数も少なく、低調である。こうした実態から推して、日本のリバースモーゲージは「高齢者向け住宅担保生活資金融資」と理解するのが正鵠を射ており、貸し手が優位で、借り手がリスクを負担するといった営利商品である。

　片や、アメリカにおけるリバースモーゲージの歴史は古く、1960年頃からとされている。高齢者世帯の多様な生活ニーズにも対応できるように、その種類も多彩であり、州によって制度の内容も多少異なっている。また社会情勢の変化に相応して改廃も行われてきているし、全体的な利用件数も、着実に前年を超えている。日米間のリバースモーゲージに顕著な絶対的格差は、リバースモーゲージの仕組みの相違であり、政府の取り組みの相違にも因るものである。

　アメリカのリバースモーゲージの特徴ともいえる多様性は、合衆国という国家体制と多民族国家の複雑な国情、そして広大な国土に基づくものであり、また住宅市場の構造的循環性、生活文化や消費文化の多様性、移民による若い世代の人口増加、雇用と居住の関係にみられるドラスティックな変動性と移動性、住宅双六とも揶揄される買い替え性好等々に起因しているものである。[2]

　アメリカ政府にしてもリバースモーゲージは、経済的に困窮した持家高齢者

2）拙著『少子高齢社会のライフスタイルと住宅』ミネルヴァ書房、2004年。

世帯の在宅での自立的生活を支援・救済するための極めて直截的で有効的な施策であり、社会保障制度のセーフティネットともなるだけに制度の安定的発展を促す動機は明確である。

　またリバースモーゲージの場合は、高齢者世帯の自助的、自立的な生活資金の調達であり、私財（持家）の経済的価値の時差的活用（前受け利益）を具現化する効果の他に、既存住宅のサスティナビリティを補強し、市場ストックの循環性も高めるなど、その経済的効果は計り知れない。

　翻って日本の政府は、高齢者の生活に関しては、その多くを家族が負うべき扶養義務（家族力・家族の犠牲的支援介護など）に期待していて、持家の高齢者だけが制度利益を享受するリバースモーゲージの促進・普及には消極的である。両国政府間の温度差が、日米のリバースモーゲージ市場の濃淡を分けている要因の1つといえる。

　アメリカのリバースモーゲージの仕組みは、高齢者の持家という重要な私財の消費であって、死後の一括清算（明け渡し）義務を負うものだが、途中の返済義務を負う借り入れ（借金）ではない。しかし日本のリバースモーゲージは、持家を担保にしながら、なおかつ子どもの連帯保証を求める生活資金の貸付制度（借金）である。こうした制度上の相違は、日米間の住宅需要の格差も要因の1つとなっているが、それ以上に、アメリカの場合は、住宅資産のサスティナビリティを政策的に補強している点が日本との格差を広げている。

　また、アメリカのリバースモーゲージの制度の特徴ともいえる点だが、貸付担保を持家に限定した非遡及型貸付、死後一括返済、終身貸付などの条件から必然的に生じてくる三大リスク（長生き、金利変動、不動産価格変動）を利用者（高齢者）に負担させない方策として政府系保険制度を設けて制度基盤を支えている。また、こうした住宅年金化政策がアメリカの住宅市場の循環性を支えている。

　一方、日本のリバースモーゲージの場合は、公的制度でも、民間商品の場合であっても、リスクテイカーは片務的に利用者側であり、住宅資産の脆弱性を露呈する仕組みとなっている。リバースモーゲージは、資産形成とは真逆の資産償却ローンとも換言できる仕組みだけに HECM のような政策的保険機能が必要不可欠なローンである。

表6-1　公的リバースモーゲージの日米比較表

検討項目	日本（社会福祉協議会）	アメリカ（HECM）
開始年度	1981年（武蔵野市）	1961年
対象年齢	65歳以上	62歳以上
所得条件	低所得の高齢者世帯	―
目的	生活支援	生活支援
保証	連帯保証人（推定相続人）	政府系保証保険
融資限度額	評価額の70%	―
担保評価	築後年数（築後22年で簿価ゼロ）	居住性能（居住の可否）
マンション	除外	対象
利子	3%または長期プライムレートの低い利率	―
建物評価	無し	有り
建物維持管理義務	無し	有り（厳格）
融資限度上限	月30万円以内（生活扶助基準額の1.5倍）	$765,600（2020年度）
地域格差の調整	無し（全国一律）	有り
担保評価額下限	土地の評価額1000万円以上（全国一律）	―
融資継続性	評価見直しで打ち切り	契約時条件の継続保証
利用状況	低位推移	増加傾向
対象不動産	戸建住宅（土地）	戸建住宅・マンション・他
信託契約	―	可
同居人規約	夫婦の両親以外は不可	―
カウンセリング	―	法定義務
制度の方向性	低調	安定的普及
公的リバースモーゲージの制度背景		
人口動向	減少傾向（都市集中化）	増加傾向（移民受け入れ）
住宅需要	地方は低い	地方も安定的
地価の動向	地方は下降	地方も安定的上昇
持家率	90%弱（89.6%）	60%台（65.5%）
中古住宅取引	10%台	80%台
買い替え率	低い	高い
住み替え率	低い	高い
住宅寿命	40〜50年	80年〜

出所：住宅資産研究所作成。

2　公的リバースモーゲージ制度

武蔵野市福祉資金貸付制度の顚末

　武蔵野市は、1981（昭和56）年、全国に先駆けて福祉資金貸付制度を実施した。居住用不動産（持家）を担保に、福祉公社が提供する有償在宅福祉サービスを受けるための福祉資金を融資する制度である。制度の開始から30年以上が経過した頃になると、介護保険制度の創設や不動産価格の下落など、制度を取り巻く外部環境は大きく変化してきた点と、また制度創設当初から懸念されていた様々なリスクが顕在化してきている点もあって、制度の見直しは急務となった。

　武蔵野市は、福祉資金貸付制度の見直し案として、

　① 制度そのものを廃止する、あるいは、② 対象年齢の引上げや限度額の見直しなど条件をより厳格化しながら継続する、この2案に絞って検討した。

　2013（平成25）年3月、武蔵野市福祉資金貸付制度見直し検討委員会（以降、委員会）は、次のような要旨の報告書をまとめた。

> (1) 福祉資金貸付制度はその先駆けとして画期的な役割を果たした。しかしすでに民間にも普及し始めており、市が単独で制度を維持する必要性は薄れている。
>
> (2) 適用要件を厳格化してみても、制度リスクは解消されず継続する必要性も少ない。
>
> (3) 公費の支出が特定の個人のみに恩恵の及ぶものから、広く市民全体に還元できるものへの転換が必要。
>
> (4) 「住み慣れた地域で在宅生活を続ける」のであれば、今までの自宅はその規模や環境に適した希望者に譲渡あるいは貸与し、老後の暮らしを支える安定した収入を得て、高齢者自身は地域社会の中で介護を受けやすい住宅に住み替えて、在宅生活を維持することも有効な選択肢の1つである。

　以上の4点から、同委員会は、市の福祉資金貸付制度は廃止すべきと結論し

ている。

　上記の （1）、（2）、（3） の指摘はむべなるかな、理解できる点である。

　（2） の「適用要件」を厳格化すれば、利用しにくい狭隘な制度となり、意味がなくなる。また「制度リスク」は、むしろ、年々、深刻化の傾向が明らかであり、解消できない。

　着目したいのは、（4） の選択肢である。ヒトの変化（高齢化）とイエの条件（構造、立地）が不適合（ミスマッチ）になれば暮らしにくくなる。老後の住み替えも有効な選択肢の 1 つと推奨している。

　この指摘は、本書の中でも触れている「協住の家」に行き着くものである。人生 100 年時代ともなれば、生涯に三度住み替える「住まい三遷」が当たり前の社会となる。

　みずほ銀行が、2013 年 7 月に、メガバンクでは最初にリバースモーゲージの取り扱いを始めた。同行が先鞭をつけた動機として、「高齢化社会の進展と、お客さまの老後の生活不安の高まり」を挙げている。さらに同年 10 月には、老人ホーム運営会社との連携も始めた。

　その一方で前述のとおり、81 年に民間金融機関も含めて日本初のリバースモーゲージ「福祉資金貸付制度」を開始した武蔵野市が、同制度の廃止に向かって 12 年から検討を開始し、13 年 3 月に「市の福祉資金貸付制度は廃止すべきとの意見が大勢」とする報告書をまとめた。その廃止すべき理由の 1 つに、民間金融機関によるリバースモーゲージの取り扱いが増えている点を挙げているのだが、20 年の現在でも、リバースモーゲージへの期待は大きいものの、普及にまで至っていない。とりわけ地方におけるリバースモーゲージの利用件数は極めて少ないのが実態である。

東京都の不動産担保型生活資金貸付

　現在、都内の居住している住まい（持家）に、将来にわたって住み続けることを希望する低所得の高齢者世帯に対して、その持家（不動産）を担保として生活資金を貸付ける制度が、不動産担保型生活資金貸付である。

貸付対象は次のいずれにも該当する高齢者世帯となる。

対象世帯
・借入申込者が単独で所有している不動産に居住している世帯。
　同居の配偶者が連帯借受人となる場合は、配偶者と共有している不動産
　も対象となる。
・世帯の構成員が原則として 65 歳以上。
・世帯の構成が次のいずれかであること。
　① 単身　　② 夫婦のみ　　③ ① または② と借入申込者もしくは配偶
　者の親が同居
・世帯員の収入が区市町村民税非課税または均等割課税程度の低所得世帯。
　生活保護世帯及び公的資金を借受中の世帯は、原則として貸付対象外と
　なる。
　暴力団員である者が属する世帯は借入申込みできない。

対象不動産（土地・建物）
・賃借権等の利用権及び抵当権等の担保権が設定されていない。
・土地の評価額が概ね 1500 万円以上の戸建住宅（マンション等の集合住宅は
　不可）。但し、貸付月額によっては 1000 万円程度でも貸付対象となる場
　合がある。
不動産の状況によっては対象とできない場合もある。

貸付内容
・貸付月額／30 万円以内。
・資金交付／原則として 3 カ月ごとに交付。
・貸付限度額／担保となる土地評価額の概ね 70％。
・貸付期間／貸付元利金が貸付限度額に達するまでの期間。
・貸付金の利率／年 3％または当該年度における 4 月 1 日時点の長期プラ
　イムレートのいずれか低い方を基準とする。

借入に必要な担保措置
・不動産（土地・建物・私道※持分を有している場合）を担保にする。

担保となる不動産に、根抵当権の設定（極度額は土地評価額の概ね80％）と代物弁済予約のため所有権移転請求権保全の仮登記をする。

・連帯保証人が必要。

推定相続人の中から連帯保証人が1名必要。連帯保証人は、借受人と連帯して債務を保証する。推定相続人がいない場合は相談する。

・推定相続人の同意が必要。

貸付契約を締結することに関し、推定相続人の同意を得るよう努めなければならない。

貸付契約の終了は次のいずれかの事由が生じた場合。

・借受人が死亡したとき。

・東京都社会福祉協議会会長が貸付契約を解約したとき。

・借受人が貸付契約を解約したとき。

貸付契約の終了後、据置期間が3カ月あり、償還期限（返済期限）となる。借受人（借受人死亡の場合はその相続人）及び連帯保証人が貸付元利金を一括償還する。

不動産担保型生活資金貸付の課題

不動産担保型生活資金貸付（公的リバースモーゲージ）の取り扱いは、各都道府県の社会福祉協議会が窓口となっている。

この制度の利用要件を整理すると、人的要件は、①配偶者又はその親以外の同居人がいない、かつ世帯の構成員が原則として65歳以上、②借入世帯が市町村税非課税世帯か又は均等割課税程度の低所得世帯、③推定相続人の中から連帯保証人1名を選任、などがある。

不動産（持家）要件は、①戸建住宅、利用者単独の所有あるいは同居の配偶者との共有不動産、②不動産に賃借権等の利用権や抵当権等の担保権設定がない、③土地の評価額が一定の基準（1500万円以上、貸付条件によっては1000万円以上）など。

他に、①貸付限度額は土地の評価額の70％、②貸付金利は年率3％又は毎

年４月１日の長期プライムレートのいずれか低い利率、③ 貸付期間は利用者の死亡時まで、または貸付元利金が貸付限度額に達するまで、④ 据え置き期間の終了時までに償還、⑤ 当該不動産に根抵当権設定及び代物返済予約による所有権移転の仮登記を行う、などが規定されている。

アメリカで普及し定着している公的リバースモーゲージ（HECM）と厚生労働省のリバースモーゲージを比較すると、同名だが異質な仕組みだと気付く。

HECM も、不動産担保融資ではあるが終身給付であり、契約時の融資条件が最後まで変化しないのは担保割れのリスクテイカーが政府系保証保険だからである。こうした日米間のリバースモーゲージの構造的な相違点がその利用状況の格差となっている（図6-2、図6-3参照）。

一方、厚生労働省のリバースモーゲージの場合は、融資残高が土地の評価額の７割に達した時点で融資が打ち切られる。金利上昇や地価下落などは担保割れの要因となる。また長生きすれば、途中で融資が打ち切られて生活保護者に転じる懸念もある。こうしたリスクのすべてを一方的に負うのは利用者である持家高齢者だから、公的リバースモーゲージといっても、その内容は貸付要件ばかりが厳格な〝お年寄り向けの不動産担保ローン〟である。

最近は都市銀行や信用金庫などもリバースモーゲージ商品を扱っているが、所詮、営業エリア内限定の高齢者向け不動産担保ローンであり、過疎地の持家高齢者には無縁な商品ばかりである。

厚生労働省のリバースモーゲージも、担保物件（持家の敷地）の最低評価額を大都市も過疎地も一律に概ね 1000 万円（1500 万円）以上と定めている点では形骸的であり、またマンションを対象外と定めている点でもコンパクトシティ政策とは整合しない画期的な制度である。

そこで本書では新しい「自助型リバースモーゲージ（CRM：Customizable Reverse Mortgage)」とも称すべき「個人住宅年金契約」を提言したい。たとえば高齢者の居住している持家を、家族（親子）や親族、あるいは友人知人などが買い手、高齢者が売り手となって建物売買契約を結ぶ。その契約の特約として、売り手が最後までその家に居住することを保証する、代金の支払いは年金方式（長期定額分割払）とし、所有権移転は全額完済時と定める。契約履行を担

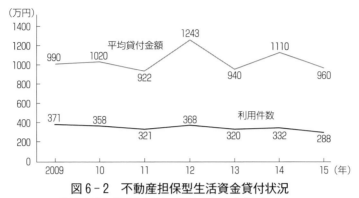

図6-2　不動産担保型生活資金貸付状況

出所：厚生労働省資料「生活福祉資金制度の制度概要」より筆者作成。

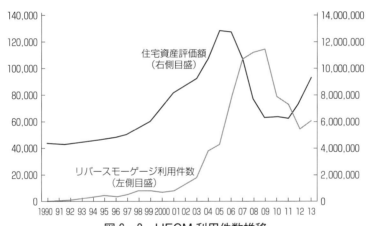

図6-3　HECM利用件数推移

出所：NRMLA；National Reverse Mortgage Lenders Association Web資料より筆者作成。

保するために、売り手には年齢に応じて任意後見人、買い手には連帯保証人の選任をそれぞれ義務付ける。売り手の高齢者には住まいと老後の生活資金が約束され、買い手も購入資金の分割払いで負担が軽減される。この契約ならば、リバースモーゲージの三大リスク（長命、不動産下落、金利変動）を利用者（持家高齢者）が一方的に被る片務性や不公平性は払拭される。

　また、この契約の買い手が過疎地域の自治体であったとしても何ら問題はない。単独世帯の高齢者の持家を原資にした自治体のオリジナルな年金化制度が

世間から評価されて、新たな人口流入を喚起し、地域の疲弊を食い止める効果
も期待できるかもしれない。

　リバースモーゲージは資金の流れが通常のローンとは逆であることから、
"長生きすればするほど、借金の方も膨らんでいく"といった不安で不合理な
逆進性のローンである。したがって制度のリスクヘッジとなる担保割れ保証保
険は不可欠要件となる。リバースモーゲージを社会保障制度のセーフティネッ
トと期待するならば、ノンリコース型ローンと定めて連帯保証を外さなければ
なるまい。

　さらに深刻な制度リスクとして想定されるのは、長命化に伴って発症する認
知症であり、意思能力や行為能力が衰耗する病だけにリバースモーゲージの
「第四のリスク」となる。認知症患者の単独在宅はありえないのだが、現行の
リバースモーゲージには認知症を想定した特段の条項はない。任意・法定後見
人や医療介護サービスとの絡みも想定して、安全安心な在宅を約束する制度を
目指さなければならない。今後も想定される老親の長命化は、家族の介護離職
なども誘発して家計の圧迫要因となる。在宅医療・介護の推進は政府の方針で
あり、多彩なリバースモーゲージの創設は喫緊の課題となってくる。

要生活保護世帯向けリバースモーゲージの検証

　要生活保護世帯向けのリバースモーゲージは、2007（平成 19）年に創設され
た。低所得世帯、障害者世帯、または高齢者世帯が、地域で安定した生活を送
れるように、必要な援助指導と資金の貸付を行う生活福祉資金貸付として位置
付けられた。

　その貸付件数は、2007（平成 19）年度 135 件、2008（平成 20）年度 367 件、
2009（平成 21）年度 244 件、2010（平成 22）年度 238 件、2011（平成 23）年度
228 件、2012（平成 24）年度 284 件であり、今後はさらに増えていく傾向が見
込まれている。

　このリバースモーゲージの貸付の成否は福祉事務所が判断し、都道府県福祉
協議会が貸し付ける。貸付要件としては、① 借入申込者（本人）が、単独で概
ね 500 万円以上（固定資産評価額 350 万円以上、）の居住用不動産を所有、② その
居住用不動産に第三者の権利が設定されていない、③ 本人（配偶者も）が 65 歳

以上、④ 本人の世帯がリバースモーゲージを利用しなければ要生活保護世帯になる、などであり、これら 4 つの要件のすべてに該当することが必要となる。

　貸付限度額は、居住用不動産の土地と建物の評価額の 70％、マンションの場合は 50％、月の貸付は生活扶助額の 1.5 倍以内、貸付期間は本人の死亡時まで、あるいは貸付元利金が限度額に達するまでの期間とされている。また生存配偶者も継続が可能なケースもある。同居人も可能である。推定相続人がいる場合には、推定相続人の同意が努力事項とされているが、保証人は原則不要である。

　このリバースモーゲージの 2007（平成 19）年度から 2012（平成 24）年度までの実績は、累計で、貸付決定件数が 1496 件、貸付決定金額が約 103 億円となっている。

　調査対象とした 102 の福祉事務所および 22 の都道府県社会福祉協議会からは、次のような事例が報告されている。

(1) 必須ではない推定相続人の同意が得られず、貸付手続が進んでいない（4 事例）

(2) 貸付要件が国のリバースモーゲージよりも限定的なことから貸付実績が低調（1 事例）

(3) 精神疾患のある推定相続人からの同意が得られず、貸付金の回収が困難（1 事例）

(4) 不動産評価額と実際の売却額が乖離している（3 事例）

(5) 不動産が交通便の悪い地域にあるため、売却先を探すのが困難になるおそれ（1 事例）

(6) 貸付決定に伴い生活保護が停止された後、被保護者が孤独死で発見された（1 事例）

　要生活保護世帯向けのリバースモーゲージは、限界的生活に苦しんでいる対象者の最後の命の綱ともいうべき公的支援策である。現役時代に働いた資金を投じて自分の家を持った、今度は老後の糧を手にするために、その家を引き渡すことを条件にして生活費を借り受ける、そうした高齢者の家計の逼迫を支援する仕組みが、要生活保護世帯向けリバースモーゲージである。扶養義務を放

棄している家族の存在を以って、支援の手を引っ込めるべきではない。それには別の手立てを構ずるべきである。また持家のない人もいるが、持家を原資に自助的年金化を望む高齢者の意を汲んだ有効な支援措置を講ずるべき責は、政府にあることを失念してはならない。お上が、下々に生活費を恵んでやるような雰囲気の仕組みや対応であってはならない。一方、推定相続人による不正行為などの多発は、厳格に対応するべき問題となる。

　この際、生活保護世帯向けと不動産担保型生活資金とを合体させる方向も検討されるべきである。また公的制度であっても、最終的な資金回収には民間力の介入が必至であることからして、まずは官民連携を織り込んだ仕組みも検討されるべきである。

　要生活保護世帯向けリバースモーゲージは、アメリカの公的リバースモーゲージ（HECM）とは根本的に異なった仕組みではあるが、持家高齢者の老後の家計を支える経済的自立支援制度といった視点からすれば、日本における政府系の公的リバースモーゲージとも位置付けられる。その根拠として、次の要件が挙げられる。

(1) 居住用資産の評価額が概ね 500 万円と低い設定。

(2) マンションも対象にしている。

(3) 家の土地と家屋が評価されている。

(4) 同居人も可としている。

(5) 推定相続人の同意が努力要件とされている。

(6) 担保割れのときは生活保護世帯にシフトする。

また、要生活保護世帯向けリバースモーゲージには次の改訂が必要となる。

(1) 評価額に下限を設けず、原則、融資するべき。その論拠として、担保評価が低い場所にも、応益負担として固定資産税を課税してきているから。

(2) 原則、非遡及型融資（ノンリコース型ローン）も選択肢とするべき。空き家として、あるいは相続しない不動産として残さないためにも。

(3) 「持家高齢者向け住宅年金化制度」とでも改名するべき。

（4）リバースモーゲージの契約条項に、新たな「第四の制度リスク（長生きリスク）」として、利用者の高齢化に伴う認知症罹病など判断能力減耗などに備えた規定も必要。

　総務省行政評価局の「生活保護に関する実態調査結果報告書（平成26年8月）」には、その結論として、「要生活保護世帯向けのリバースモーゲージは、保護費の抑制という点からも十分な効果を上げているとはいえない状況にある」と記されている。

　現在、厚生労働省では、社会福祉法人全国社会福祉協議会とリバースモーゲージ制度の運用について、意見交換をしている。

不動産担保型生活福祉資金の今後のあり方

　2019（平成31）年3月、社会福祉法人全国社会福祉協議会「これからの生活福祉資金貸付事業のあり方に関する検討委員会」では、不動産担保型生活福祉資金の今後のあり方について、次のような内容の報告書を公開している。

■不動産担保型生活福祉資金の今後のあり方（以下、抜粋）

① 不動産担保型生活資金における償還の考え方の整理。

・売却時に不動産売却額が貸付額を下回る際の償還免除の明確化。

・相続の意思確認を行う相続人の範囲の整理。

・不動産担保型生活資金については、そもそも居住している不動産を担保に貸付を行うもので、不動産の売却をもって償還を行うことを前提とした制度となっている。

・一方で実際には不動産売却時に売却額が貸付額を下回る事例が多くなっているが、その後の償還にあたっては都道府県行政との調整のなかで償還免除を行うことが難しい状況も指摘されている。

・現状では償還免除規程に不動産担保型生活資金について特筆されていないが、売却額が貸付額を下回った際の償還免除の考え方について、償還免除規程にて明確に示す必要がある。

・また本資金では基本的に借受人死亡後に不動産売却をもって償還となる

ため、不動産の売却にあたっては相続人がいる場合には相続の意思確認
や任意売却の場合には相続人に売却の手続きを行ってもらう必要がある。
・しかし現状では相続人と連絡がつかない場合が多く、相続の意思確認に
　かなりの時間と労力を要している状況も見られる。
・今後の課題として、相続の意思確認を行う相続人の範囲については、清
　算後の余剰財産の取扱いを含めて日常生活自立支援事業等他の事業との
　共通性のもと、一体的に整理することが必要である。

② 要保護世帯向け不動産担保型生活資金における福祉事務所との連携。
・借入相談時から継続した福祉事務所との連携の徹底。
・制度の一体的な取り扱いの徹底。
・要保護世帯向け不動産担保型生活資金については、貸付基本額の算定や
　貸付終了後の生活保護へのつなぎ等、福祉事務所との連携が必須となる。
・一方で福祉事務所によって運用に関する認識が異なっており、十分に連
　携ができていない状況も見られている。
・本資金の実施にあたっては、福祉事務所における制度の一体的な取り扱
　いの徹底と貸付後も必要に応じた情報提供など、福祉事務所の協力につ
　いて明確に位置づける必要がある。
・不動産担保型生活資金については上記以外に、貸付や償還に際しコスト
　と時間が掛かっている、社協が行うには専門性が高すぎる等の指摘があ
　る。
・これらについて現状を把握し、一般世帯向け不動産担保型生活資金と要
　保護世帯向け不動産担保型生活資金を区分して課題を整理していくこと
　が必要である。

上記の報告書の指摘について、要旨を整理してみよう。

(1) 不動産担保型生活資金の場合は、そもそも居住している持家を担保に
　　貸付する制度でありながら、実際は持家の売却代金での償還が前提と
　　なっている点に疑念を呈している。また、実際には、不動産の売却額

が貸付額を下回る事例が多くなっている。その場合は、都道府県行政との調整のなかで償還免除することが難しい状況であるとされている。現状では不動産担保型生活資金について償還免除規程に特筆されていない点を問題視して、売却額が貸付額以下の場合の処置を償還免除規程にて明記すべきと指摘している。

(2) 借受人の死後、不動産の売却代金で償還するため、相続人がいる場合は、相続の意思確認や任意売却する場合の売却手続きなどを行ってもらうことになる。しかし実際には、相続人と連絡が取れないケースが多く、相続意思確認にもかなりの時間と労力を要している。

　　今後の課題として、相続意思の確認や余剰財産の取扱いについて、整理する必要がある。

(3) 貸付や償還に際しては、社協でもコストと時間を費やしている。社協が扱うには、制度の専門性が高すぎる懸念を示している。

(4) 要保護世帯向け不動産担保型生活資金の場合は、貸付基本額や貸付終了後の生活保護へのつなぎ等で福祉事務所との連携は必須である。しかしこの連携が、その認識の相違などから十分ではない。不動産担保型生活資金を、一般世帯向けと要保護世帯向けに区分していくべきである。

　上記の整理からも明らかだが、相続人の相続意思確認や保証人承諾等々がネックとなって、不動産担保型生活福祉資金を利用できない高齢者世帯は少なくない。相続財産が少ない家族の方が相続争いの確率が高いとも聞くし、連絡が取れない推定相続人がいれば、持家資産で老後の生活資金は調達できない。同検討委員会が指摘しているとおり、不動産担保型生活福祉資金貸付は実際には最初から代物返済の仕組みだから、死後一括返済ではなくて譲渡予約特約付不動産売買契約の仕組みや遺言信託、あるいは社協の民事信託などの活用も検討したらどうであろう。また償還免除規定こそ明確にするべきである。この点が不明瞭なので、社協も、不動産担保型生活福祉資金の取り扱いには消極的な態度になってしまう。

　他に、この制度の根幹的な問題点とすれば、不動産担保貸付にも拘わらず担

保権発動機能が脆弱であり、したがって担保物件の換価処分に難がある。

　少子化と高齢化の百歳社会となれば、公的年金だけで到底家計は賄えない。逼迫した家計にとっては、持家の年金化は自立生活に向けた自助的な取り組みとなる。現行の制度は、生活保護世帯に陥る寸前の家計を対象にした狭隘な仕組みであり、形骸化を呈している。厚生労働省は、抜本的改革に取り組んで、"健康で文化的な最低限度の生活"を営むために必要となる資金の融資を担うべきである。また資金用途も、生活費全般の他に、医療保険や介護保険と連携させた医療介護費に特定した資金用途も加えた使い易さも検討する必要がある。

地方で必要な公的リバースモーゲージ

　人生 100 歳時代を迎えている日本人は老後の生活設計を見直さなければならない。まず 70 歳を退職年齢とすると、平均年齢からすればさらに 20 年前後は生きる。後期高齢者になる頃から医療費や介護保険サービスの負担が逓増していく。

　老親の世話・介護に当たる家族は、介護サービスを利用しながら働く。老親が重篤な病気や認知症などの場合は、家族の誰かが離職して専ら介護に当たる。親の長生きは世帯の家計の医療費・介護費などの負担を増やし、世帯の収入を減じるといったジレンマに陥る。

　次に、地方に顕著な人口の減少や流出が地域経済を縮小させている。若い世代や現役世代も雇用を求めて都市部に転出する。当然の成り行きとして、地方に空き家も増えていく。そうした地方に限って自治体は市街化区域を周辺に拡大させている。短視的で場当たり的な施策は不動産価格を引き下げてリバースモーゲージには逆風となっている。しかしながら、高齢期の住まいと暮らしを同軸的に支える仕組みのリバースモーゲージは持家高齢者が多い地方では合理的な仕組みであり、社会保障制度のセーフティネットともなることから諦めがたい。

　では具体的な事例でリバースモーゲージを検討してみよう。

　持家に住む 70 代後半の高齢者夫婦の平均的な生活費が月額 35 万円とする。夫婦の公的年金が 20 万円、蓄えから 5 万円を取り崩し、不足分の 10 万円をリバースモーゲージで賄うと想定しよう。75 歳から 90 歳までの 15 年間で借入

元金の総額は 1800 万円（利息別途）、融資極度額を担保評価の 70％として逆算すると、土地の評価額は約 2570 万円、平均的な戸建住宅の敷地（土地）が 50 坪とすると、土地の坪単価 51 万円以上の場所になる。

　人口 20 万前後の地方小都市ならば、駅前か駅近立地で整形の住宅地の評価額である。駅から離れた場所ならば平均的地価は坪当り精々 10 万円台、となるとリバースモーゲージでは月々 2 万円程度の融資しか期待できない。社会福祉協議会が扱う公的リバースモーゲージの場合は、土地の最低評価額が 1000 万円以上（1500 万円以上とも）と規定されている。坪単価 15 万円ならば、67 坪以上の敷地に建つ持家でないと、公的リバースモーゲージも使えない。

　地価の低い地域でこそ、リバースモーゲージの居住福祉機能は必要であり、長命化が続くとさらにその必要度は生存権的となる。持家には、空き家になっても固定資産税が課税される。こうした持家の租税負担を、生存中、軽減する目的のリバースモーゲージ・プランを創設しなければならない。

　また社会福祉協議会で扱うリバースモーゲージの場合は、その地域の地価推移を反映させた制度改革に取り組まなければならない。

　まずは現行規定の「担保評価の下限値（1000～1500 万円）」の撤廃から着手しなければ、地方における厚生労働省の公的生活福祉制度は画餅と化す。

　ここで、長命な日本人向き、地価の低い地方向きのニュー・リバースモーゲージ・プランを提言する。

　（1）　自宅に住み続けることを義務付けない。
　（2）　第三者の同居を拒まない。
　（3）　自宅の収益（事業）化を妨げない。民泊事業や下宿屋も営業できる。
　（4）　担保物件を信託契約に切り替える。
　（5）　共同担保も認める。

　冒頭でも触れているが、人生が 100 年となると、これまでの社会通念を超越した老後を想定しなければならない。人生 100 年の生活設計を構想しようとしても、前例も、モデルもない。まずは隗より始めよ、退職後を、「何処に住み、誰と、どのように暮らすのか」について考えをめぐらしてみよう。

　ヒトは長生きする、イエはヒトの収入がなくなる頃に建て替えの時期を迎える、ヒトは自立生活できなくなるとケア付き施設に移る。イエは空き家となって残っている。

　こうした現実を直視するとき、イエは自分だけで建てたり住んだりしないで、大勢で共有して、大勢で共用する方がアフォーダブルであり、サスティナブルであると気付く。

　たとえば持家（イエ）であっても、住み手が退職する70代に入ったら単独で所有しないで複数の他者と共有する。この方法ならば、イエの価値効用は共有・共用される、そのコストも共同負担に分散される、現金が足りない家計も軽費化できる。こうした取り組みによって、持家高齢者の"ハウス・リッチ、キャッシュ・プア"な家計が、"ハウス・シェア、キャッシュ・リッチ"に変わる。この試みは「協住の家」として、NPO法人リバースモーゲージ推進機構がその啓蒙普及に取り組んでいる。

3　金融機関のリバースモーゲージ商品

概説　金融機関のリバースモーゲージ

　このところ日本の金融機関がオリジナルなリバースモーゲージ商品を開発して扱っている。しかし、都市部の地価の高いエリアを対象にしたリバースモーゲージ商品だけが業績を伸ばしているだけで、地方でのリバースモーゲージ利用件数は極めて少ないのが実態である。

　金融機関のリバースモーゲージ商品を、社会福祉協議会が扱っている不動産担保型生活資金（公的リバースモーゲージ）と比較すると、それぞれの特徴が鮮明になる。両者の主な相違点を挙げると、下記のように整理される。

(1) 対象者要件に違いがあり、後者には所得制限があり、住民税非課税の困窮家計の高齢者を対象にしている。

(2) 目的に違いがあり、前者は営利目的であるが、後者は社会保障制度の一環である。

(3) 融資極度額に違いがあり、前者は担保評価に基づくが、後者は生活保

護費が上限となる。

- (4)　担保評価に違いがあり、前者は各行の規約によるが、後者は 1000 万円（1500 万）の下限値がある。
- (5)　債務保証に違いがあり、前者では保険や信託などで保証もあるが、後者は人的保証となる。
- (6)　担保物件に違いがあり、前者は各行の規約によるが、後者は戸建住宅に限定している。
- (7)　対象地域に制約があり、前者は各営業エリアに限定しているが、後者は全国的である。

　アメリカでも、金融機関が扱うリバースモーゲージの多くは高額資産を対象にした富裕層向けの商品である。アメリカの政府系リバースモーゲージ（HECM）は、所得制限ではなくて、融資の極度額で一定の制限を加えている。HECM と日本の公的リバースモーゲージとの格差は、社会保障制度などの相違、住宅市場の相違、人口構造上の相違、生活文化の相違等々が背景にあってのこと、フラットな比較では語れないのだが敢えて日本の金融業界に苦言を呈したい。まず日本のリバースモーゲージの場合は、リスクテイクが片務的であり、リスクヘッジが稚拙である点、また途中の評価見直しと担保割れの対応、本人の加齢による判断能力などへの対応、生存配偶者の処遇等々、契約に明確に条文化されていない点などが高齢者には不安であり、その利用を躊躇させる要因の1つになっている。

　また、日本の金融機関のリバースモーゲージ商品は、そのほとんどが高齢者の自宅（持家）の土地を担保にした金銭消費貸借契約に過ぎない。それなのに、わざわざリバースモーゲージ・ローンと銘打って販売している理由は、資金の流れが、通常の住宅ローンがフォワード（前向き）に対して逆向き（リバース）であり、いまひとつの理由は、住宅ローンとは違って月々の返済は利息分だけ、元本は海外のリバースモーゲージ・ローンと同じ死後一括返済方式だからである。ならば、通常の住宅ローンを「住宅関連型ローン」と称し、リバースモーゲージは、「住宅担保年金型ローン」とでもすると両者の違いが明確になり、仕組みが理解しやすい。

　各金融機関のリバースモーゲージ商品については、次の点が概ね共通している要件となる。

- ・土地付き住宅だけ（借地も、マンションも対象外）。
- ・子どもたち全員の同意、あるいは連帯保証が必要。
- ・土地の担保評価額に下限値が設定されている。
- ・毎年、担保評価を見直す。
- ・変動利息。
- ・資金用途に一定の制限がある。
- ・一定の安定年収が必要。

　では、上記の要件から想定できる "利用できる高齢者像" を描いてみよう。

- ・本人（配偶者も）は生活自立能力も確かである。
- ・人口30〜40万人以上の都市の平均的立地の戸建住宅に住んでいる。
- ・年金（公的・私的）などの安定収入がある。
- ・子どもたちも持家に住んでいて親の資産を当てにしていない。
- ・子どもたちもリバースモーゲージの利用について協力的である。

　次に、"利用が難しい高齢者像" を考えてみる。

- ・本人（配偶者も）は軽度の記憶障害があり、自立生活能力に不安がある。
- ・人口流出が続く市町村の外れの戸建住宅に住んでいる。
- ・公的年金しかない。
- ・現金の貯えがまったくない。
- ・すでに借金もあるから住まいに第三者の抵当権が設定されている。
- ・子どもは非正規社員で収入が不安定、親の家に同居している。

　アメリカの公的リバースモーゲージ（HECM）の利用者を、著者は何人も取材した。本書第7章に取り上げているホノルル在住の日本人女性はHECMを利用しながら、市内のコンドで平穏な日々を過ごしている。HECMと日本のリバースモーゲージを比較するとき、両者には彼我の違いが歴然である。その理由については、本書の各所で触れているが、日本のリバースモーゲージは、

老後生活のセーフティネットとしては中途半端な仕組みであり、安心して利用できない問題が包摂されている。しかし、金融機関のリバースモーゲージでも、富裕層が相続税対策として検討するならば、まったく別の面がみえてくる。

　日本の金融機関が扱うリバースモーゲージは、高齢者が居住している持家を担保にしながら、利息は月払い、元金は死後一括返済方式で、老後の生活資金需要に応える融資（ローン）である。土地付き住宅の土地だけを担保評価して、その半分程度の金額まで融資する。利用者が少ない理由でもあるのだが、戸建住宅を対象としているリバースモーゲージが大半であり、マンションはほとんどの商品が対象外としている。

　事例を挙げながら、リバースモーゲージについて、さらに考えてみよう。

　静岡県沼津市に住む加藤さんは、会社を 65 歳で退職して現在 75 歳、細君72 歳と 2 人暮らしで子どもはいない。後期高齢者となって、初めて老後の生活設計を夫婦で考え始めた。

　加藤さんの住まいは、敷地が 50 坪、戸建住宅を建ててから今年で 30 年経過した。インターネットで調べた不動産情報によると、加藤さんの住まいの土地は約 1200 万円前後らしい。加藤夫妻は、老後の住まいと暮らしについて、次のような条件から検討した。

(1) 加藤夫妻は、2 人が死んだ後、家を残したくない

(2) 住宅ローンの残債は退職金で完済した。

(3) 夫婦の年金収入で日々の生活費は賄えるが、不測の事態に備えた現金には不安がある。

(4) 社会福祉協議会の公的リバースモーゲージを検討した。土地の評価には問題なかったが、現金収入（年金）があり、住民税も課税されていたことから利用できないと分かった。

(5) 某地方銀行のリバースモーゲージを検討しようと、窓口を訪ねたところ、ネット上にはリバースモーゲージ商品は掲載されているが、県内では扱っていないと言われた。

(6) 加藤さんが調べた当時、県内でリバースモーゲージ商品を扱う金融機関は静岡県労働金庫だけであった。[3]早速、「ろうきんリバースモー

　ゲージ」の資料を参考にしながら検討した。

　「ろうきんリバースモーゲージ」は、戸建住宅の場合は、建物は担保評価から除外し、土地の担保評価額の50％相当が融資の限度額であり、その返済方法は、毎月の利払い、元本は死後一括返済である。

　概算ではあるが、土地の評価額1200万円（坪単価24万円）とすると、融資限度額は600万円となる。借入利率3％として計算すると月々の利払いは約1万4000円、15年間支払うと支払利息の総額は252万円となる。600万円借りても可処分金額は348万円という計算になる。実際には、この他に事務経費などの負担もある。こうした計算では、不測の事態で、緊急的な資金需要でもない限り、リバースモーゲージが老後の住まいと暮らしのセーフティネットになるとは考えにくい。

　この計算は、建物の担保評価がゼロだからであり、持家の帰属家賃などを反映させた経済効果（収益性）に基づいた「貸家評価」も住まいの担保評価に加算すると別の計算になる。

　たとえば加藤さんの家を貸家にした場合の家賃設定を8万円と仮定すると、年間96万円の不動産収入が見込める。この収益性を担保評価したのが西武信用金庫の「経済耐用年数」[4]である。

　日本のリバースモーゲージでも、高齢者の持家の「貸家価値」を担保評価するならば、居住用性能の保持が必要前提条件となる。アメリカのリバースモーゲージでは、居住用性能・機能・デザインを住宅（土地・建物）の資産価値として担保評価して融資額を算定する。だから、HECMを利用するためには、その住宅がFHAの保険審査に合格することが必要条件（House is FHA-insured）となっている。

　日本でも、リバースモーゲージを普及させ定着させようと本気で目論むならば、建物を築後年数だけに基づいた減価償却耐用年数的な資産評価方式を改め

　3）2020（令和2）年10月から、静岡県内で、静清信用金庫と三島信用金庫がリバースモーゲージの取り扱いを始めた。

　4）西武信用金庫（東京、中野）は、投資用不動産向け融資の際、その資産価値の評価手法として、独自に「経済的耐用年数」を設定し、現実的な不動産活用の収益性に担保力を設定した。

て、居住用資産のサスティナビリティを評価する評価基準の策定に取り掛かる必要があり、その取り組みをバックアップする政策的サポートも必要なことは断るまでもない。

　仮定の話だが、途中で地価が下がる、途中で金利が上がる、90 歳後半になってもまだ生きている。こうした想定ならば、リバースモーゲージを利用したいと考える人は少ないだろう。80 代後半で入院する、認知症発症で施設に入所する、こうしたケースでは、リバースモーゲージも契約終了となり、抵当権が実行されて家を失う。その売却代金から一部清算金が戻るかもしれないが、本人が使えるのだろうか。

　リバースモーゲージの場合は、① 担保評価が毎年見直される、② 余命など見当も付かない、③ 年々高齢化して判断能力が乏しくなる、④ 健康寿命も予測不能等々の不確定要素がすべて不安の種となってくる。

　では、その対応策とすると、①は貸し手有利の不公平な条件であり、保証保険で担保すべき、②は長生きリスクであり、保証保険で担保すべき、③は後見制度や信託契約など第三者の介入が必要、④についても③と同様である。

　以上の課題は、ヒト（寿命）、モノ（地価）、カネ（金利）と、それぞれがまったく異なった種類の要素で組み立てたプログラムがリバースモーゲージであり、市場変動に影響を受けない政策的サポートなしでは機能しない。この場合の政策的サポートとは、制度リスク保険機能であり、HECM の FHA 保険と同等の政府系保証保険が必要となる。

　リバースモーゲージの三大リスクを軽減する端的な取り組みは、金利上昇には固定金利で、地価下落リスクについては下落を想定した評価率と保証保険である。最も対応が難しいリスクは「長生きリスク（人的リスク）」である。この「人的リスク」については、後見制度や信託契約、また家族や自治体の介入とサポートが必要になる。人的リスクを、人道的に、有効に回避する対応策が見付からない限りリバースモーゲージは老後のセーフティーネットにはなり得ない。

　官民のリバースモーゲージにおいて問題視すべき点は、リバースモーゲージの三大リスクのリスクテイカーを一方的に借り手（高齢者）に設定して、貸し手（金融機関）はリスクを負担しない仕組みであり、金融機関の優位的地位の

濫用とも受け取られかねない横暴性である。対照的にアメリカの HECM は、借り手・貸し手双方のリスクを保証する保険機能が、老後の住まいと暮らしのセーフティネットとして認知され、安定的に利用件数を伸ばしている。

　日本でも、2009 年から、各金融機関が住宅金融支援機構の住宅融資保険を活用したリバースモーゲージ型住宅ローンの「リ・バース 60」の取り扱いを始めた。しかし住宅融資保険の対象となる資金用途が、住宅取得、リフォーム、サービス付き高齢者向け住宅の入居一時金、ローン借り換えなどであり、生活費の融資ではない。また住宅融資保険は、あくまでもリバースモーゲージ型住宅ローン商品の金融機関が被るリスクに対しての保証であり、だから、その保険料は金融機関が負担しているし、利用者要件の中にも住宅融資保険の付保承認が盛り込まれている。しかしながら住宅融資保険のお蔭でノンリコース型ローンも選択できることの効果は大きい。住宅金融支援機構には、老後の生活資金を融資するリバースモーゲージ・ローン向けの「生活資金融資保険」の設計も期待したい。

　国土交通省の資料「高齢者等の土地・住宅資産の有効活用に関する研究（『国土交通政策研究』第 104 号、2012 年）」には、日本のリバースモーゲージについて、次のような見解が記されている。

　「わが国の現在の住宅市場の構造や高齢者のニーズ、供給者の立場を勘案すると、アメリカ、イギリスで提供しているのと同タイプのリバースモーゲージを普及させることは極めて困難であると思われる」(109 頁)。

　畢竟、欧米型の外殻を模造しただけのリバースモーゲージ制度は画餅に帰すことになるだろう。

　総務省が 2017 年 9 月に発表した人口推計によると、国内の 90 歳以上人口が初めて 200 万人を突破した。また 2016 年に仕事に就いた 65 歳以上の高齢者は過去最多の 770 万人に達し、1 年間で 38 万人も増えた。2025 年には団塊世代全員が 75 歳以上になる。労働人口が減るなか、年金の受給開始年齢を 70 歳より後にすることができるような制度改革が内閣府で検討されている。

　いよいよ、人生 100 年時代は目前である。老後の生活資金として当てにしていた公的年金も支給額が減額になり、さらに支給年齢も引き上げられる。こうした顛末では、官を頼らず、"健康で文化的かつ快適な、経済的にも自立した

生活"を自助的努力をもって達成させる意気込みが必要となる。

　この先、日本には住み替え支援機構（JTI）と同じような資金基盤の組織がますます必要になる。高齢期の住まいと暮らしの多様な生活ニーズに対応するNPO法人などもさらに必要になる。金融機関は、この種の法人・団体と連携しながら、現行の高齢者向け土地担保融資から脱却した新しいジャパニーズ・リバースモーゲージを開発し発売して欲しいものである。

東京スター銀行の「充実人生」

　東京スター銀行のリバースモーゲージ商品「充実人生」の場合は、他の金融機関の商品との差別化が明確であり、利用者側の事情に沿って選択できる点が、売上実績にもつながっている。

　まず、① ローンのバリエーションが豊富、②55歳（配偶者50歳）から利用できる、③ 借り受けた資金のうち使った金額にだけ利息が発生する、④ 利払いも、あるなしが選択できる、⑤ 収入がなくても利払いなしならば70歳から利用できる、⑥ 自宅に住み続ける必要がない、⑦ 自宅を収益物件にもできる等々が他行のリバースモーゲージに比べてコスパが優位であり、バリエーションも多彩である。

　代物弁済のノンリコース型ローンならば、相続人に債務も及ばない。相続人が相続を希望する場合は、親の債務を代位弁済する方法で相続も可能となる。この場合は負担付相続となり、親の負債が相続財産の評価額から減じられる効果がある。また借受金を死後一括返済するために、担保物件を売却する。その残余代金だけが相続人に遣る。結果として、親から相続する財産総額を減じる効果となり、相続税の節税対策として検討する向きもありそうである。

三菱UFJ銀行の「ゆとりの約束」

　三菱UFJ銀行が、2019年から販売を始めた戸建住宅向けのリバースモーゲージ商品であり、その営業エリアを東京都内23区に限定している。この商品の場合は、担保割れリスクを利用者の拠出金で補填する信託契約が特徴となっている。

「利用者要件」

・70歳（配偶者も）から、1人か夫婦だけの世帯、推定相続人1人の同意が必要となる。担保評価額の50％を貸付額とする。

「信託金」について

・契約時に借入金額から信託金（5〜10％）を拠出する。

・契約者全員がリスクに備えて共同で拠出する資金であるから、期限前返済による信託契約終了時や相続発生時に信託金は払い戻さない。

・信託契約締結時に、10万円（税別）の信託報酬を負担する。信託終了時、1円（税別）の信託報酬を負担。上記の金額は借入金から差し引く。

「融資対象」

・自宅（戸建住宅）の貸付上限額は土地のみの評価とする。

・マンションは対象外。店舗、賃貸等との兼用住宅も対象外。

・配偶者を除き、相続人は自宅を相続できない。

・自宅に、契約者の死亡を停止期限とする第一順位の所有権移転の仮登記を設定する。

・同居人は配偶者のみ。

・自宅の所有権は貸付人に移る（代物弁済）。

・代物弁済時は、三菱UFJ銀行が定める不動産評価額での清算となる。

「期限前返済」

・全額一括返済のみ。

「生存確認」

・毎年、郵送等により生存状況を確認する。

・生存が確認できない場合は貸出を停止する可能性がある。

「契　約」

・配偶者は、所定の公正証書遺言の写しを提出する。

・契約者が亡くなった時点で、配偶者は契約者の遺言により契約上の地位を承継する。

オリックス銀行の「家族信託付不動産活用ローン」

2020年4月、オリックス銀行は高齢者向けに自宅を担保として老後の住宅

関連資金を融資する「リバースモーゲージ」で、契約者が認知症になっても家族が物件の管理や売却を代行できる商品を開発したと公表した。

　オリックス銀行新商品「家族信託型リバースモーゲージ」とは、リバースモーゲージ型住宅ローン「リ・バース 60」に、「家族信託機能」を付与させた「家族信託付不動産活用ローン」である。

　一方、著者が提唱するリバースモーゲージのニュー・モデルとは、「家族信託型持家年金化プラン」であり、"The Family Trust Type House Pension Plan" と英訳できるものである。「家族信託型持家年金化プラン」と、オリックス銀行の新商品「家族信託付不動産活用ローン」とを比較したとき、「資金使途 (Use of funds)」に相違点が明確であり、前者は「生活資金全般」、後者は「住宅関連資金」と限定されている。

　いわゆる「信託型リバースモーゲージ」の場合は、リバースモーゲージを信託目的と定めた契約に則ったローンであり、朝日信託などが扱っている。また遺言信託を組み込んだ三井住友銀行のリバースモーゲージなどもある。

　そもそも「家族信託」とは、認知症発症などで本人の認知・判断能力が低下して、自身が財産管理や資産承継の意思決定が難しくなる事態を想定し、その備えとして、信頼する家族に財産を託す民事信託の制度である。本人が、委託者（財産を託す者）であり受益者となって、信頼する家族を受託者（財産を管理する者）と定める家族信託は、本人のみならず家族の生活を護る後見的な財産管理ともなり、本人の意思に沿った円滑な資産承継が実現できる仕組みとなる。

　著者が提唱する「住まいの年金化 (The Pension of Housing)」の 1 つとなる前述の家族信託型持家年金化プラン（ファミリートラスト型リバースモーゲージ）は、利用者の判断・認知能力に不安・問題が生じた場合を停止条件として、途中からでも、家族信託 (Family Trust) 機能の導入を組み込むことが可能なリバースモーゲージの構想である。

　当初から家族信託に基づいた信託型リバースモーゲージならば、まず家族信託の時点で家族内の紛糾が懸念され、利用できないケースもある。途中から家族信託に切り替えられるモデルならば、利用者本人に替わって信頼できる家族（受託者）が、担保割れや利率の変化などに対応した適切なリスク回避措置を講じることができる。こうした契約ならば、リバースモーゲージ特有のリスクや

問題点を、軽減、あるいは解消する効果が期待できる。

リバースモーゲージの場合は、他のローンと違って利用者の健康状態や居住環境、あるいは家族関係などの変化にも対応できる仕組みが必要となる。

こうした観点からすれば、リバースモーゲージの場合は、途中から家族信託への切り替えも可能な仕組みの方がより安全で利用し易いローンになる。また家族信託機能が組み込まれたリバースモーゲージならば、借り手・貸し手双方の長命化リスクや担保割れリスクなどを軽減する効果が期待でき、普及にも資する副次的効果も期待できる。

最近は、金融機関も、利用者の認知・判断応力に疑念を感じた場合は、詐欺被害などを防ぐ目的で取引を中断することがある。オリックス銀行の「家族信託付不動産活用ローン」でも、信頼する親族に物件の管理を委託する「家族信託」機能を組み込むことで、利用者（委託者）が認知症を発症した際には処分権限が家族（受託者）に移る、したがって借り手・貸し手の長生きリスクが回避できる、あるいは融資期間中の担保物件の評価の見直しなどの際、融資額の減額変更などにも受託者が的確に対応できるなど、メリットは大きい。

オリックス銀行の「家族信託付不動産活用ローン」について、その概要を紹介しておこう。

「家族信託付不動産活用ローン」は、55歳以上の人が対象であり、自宅の他にアパートなど収益物件も共同担保に組み込むことも可能である。融資限度額は原則1000万〜1億円であり、担保物件の評価額の50％以内となる。その資金使途については、老人ホームへの入居一時金や住宅のリフォームなどに限定されている。返済方法については、毎月の利息払いのみで、元本は本人が死亡した際に、相続人が一括返済、または担保物件の売却代金を以って返済する。家族信託を活用することで、返済や物件売却などを家族に託すことが可能になる。

内閣府の「平成29年版高齢社会白書」によれば、2025年には65歳以上の5人に1人が認知症を発症すると推計されている。こうした背景から、オリックス銀行は、今後は老後の財産管理・処分への備えとして「信託」が必要になるものと予測し、家族信託の組成を支援する「家族信託サポートサービス」や、家族信託の信託財産を対象とした投資用不動産ローンなども提供していく営業

方針を明らかにしている。

　百歳社会の保険制度や金融制度には、こうした「信託機能」を組み込みことが必要不可欠な措置となっていくに違いない。

静岡県労働金庫の「ろうきんリバースモーゲージ」

「利用者要件」

・満 50 歳以上、満 81 歳未満。

・土地付建物、マンションに夫婦または 1 人で住まいの方。配偶者以外の同居人がいる場合、静岡県労働金庫が認めた場合のみ可能。ただし、同居人は親族（親や子）に限り、売却時退去を内容とする承諾書を提出する。

・自宅は債務者の単独名義、または配偶者との共有名義。

・安定かつ継続した収入が必要。

・推定相続人全員の承諾が必要。推定相続人は、配偶者および子・親（子・親ともにいない場合、兄弟姉妹）がなる。ただし未成年者の推定相続人がいる場合は取扱いできない。

・（一社）日本労働者信用基金協会の保証を受けられる方。

「融資の資金用途」

・生活資金全般（住宅ローン等の借換資金、リフォーム資金、医療・介護費用等）。

・事業資金・投機目的資金には利用できない。

「融資限度額」

・5000 万円以内。マンションの場合は 1000 万円以内。

・戸建住宅の土地の担保評価額の 50％が上限。

・マンションについては、築 10 年以内かつ担保評価額 2000 万円以上の物件が対象となり、担保評価額の 50％が上限。審査の結果、限度額を減額する場合もある。

「融資期間」

・債務者（連帯債務の場合は、いずれか一方の債務者）が死亡するまで。ただし、静岡県労働金庫が認めた場合に限り、債務者が死亡した時から最長 1 年以内の貸出期日の延長が可能。

「融資金利」

・変動金利。

「返済方法」

・債務者が死亡するまでは元金据置期間とし、毎月利息のみ支払う。

・債務者が死亡した場合は、担保物件（戸建住宅、マンション）の売却代金、または法定相続人の方からの一括弁済。連帯債務の場合は、債務者のいずれか一方が死亡した場合を含む。自宅の売却代金で本ローンが完済できない場合は残額の返済を法定相続人に請求する。

「保　証」

（一社）日本労働者信用基金協会を利用。

「保証料」

保証料として年0.14％〜年0.20％を別途負担。保証料は、毎月利息に上乗せして支払う。

「連帯債務者・連帯保証人・物上保証人」

・担保物件が配偶者との共有の場合、配偶者は連帯債務者または物上保証人となる。

・他に推定相続人がいる場合は原則それをもって連帯保証人・連帯債務者とはしない。ただし、静岡県労働金庫が必要と判断し、了承された場合は連帯保証人として契約。

・推定相続人（連帯債務者・連帯保証人は除く。物上保証人の配偶者は含む）全員は、以下の内容を承諾する。

・債務者の方が死亡した場合、担保物件の売却資金で借入残高を弁済する。

・担保物件の売却にあたり、同居人は担保物件を退去する。

・担保物件の売却資金で、借入残高を弁済しない場合は、残高の返済を静岡県労働金庫または（一社）日本労働者信用基金協会より、法定相続分に応じて請求する。

・後見の発生、推定相続人の追加、債務者の死亡や生活困窮および住所等の届出事項の変更等が発生した場合は、静岡県労働金庫にて所定の手続きをする。静岡県労働金庫が必要と判断した場合、成年後見人を選出する。

「担　保」

・戸建住宅または融資申込時において築 10 年以内かつ物件評価額が 2000 万円
　以上のマンションを対象とし、その担保物件に対して静岡県労働金庫が第一
　順位の普通抵当権を設定する。

・担保物件は、原則、静岡県内の物件に限る。

「融資手数料」

・融資時に、「リバースモーゲージ・ローン取扱手数料 5 万 5000 円（消費税込）
　を負担する。

表6-2 リバースモーゲージ・ローン比較表

	民間リバースモーゲージ	公的リバースモーゲージ	リ・バース60
事業体	金融機関	厚生労働省（社協）	金融機関
目的	営利目的	公的支援	営利目的
資金用途	生活余裕資金	生活支援資金	住宅関連資金
契約内容	不動産担保融資	不動産担保生活福祉資金貸付	不動産担保融資
対象者（歳）	60歳〜（50歳も）	65歳〜	60歳〜（50歳も）
対象者	持家居住者	持家居住者	持家居住者・購入者
年収制約	一定年収	住民税非課税世帯	一定年収
担保物件	自宅	自宅	自宅 ＋ 他物件
戸建・マンション	戸建（マンション）	戸建（要保護世帯はマンションも）	戸建・マンション
居住者制限	無	単身・夫婦（その両親も）	無
居住義務	要・不要	要	要
保証人	要・不要	要（要保護世帯向けは不要）	不要
相続人同意	要・不要	要	要・不要
保証保険	無	無	住宅融資保険
返済方法	毎月利払・元本死後一括	元利、死後一括	毎月利払・元本死後一括
返済（遡及）	遡及・非遡及	遡及・非遡及	遡及・非遡及
代物弁済	有	有	有
損害保険	要	―	要
対象地域	営業エリア	全国	営業エリア
受付窓口	営業店	社会福祉協議会	営業店
融資限度額	50〜70％（規定あり）	70％（上限有り）	50〜70％（返済負担率）
貸出利率	変動	変動	変動

出所：住宅資産研究所。

第7章　海外の「住まいの年金化」

1　アメリカ人の公的な「住まいの年金化」

ホーム・エクィティ・コンバージョン・モーゲージ（HECM）

アメリカの代表的なリバースモーゲージは、連邦政府住宅都市開発省（HUD；Housing and Urban Development）の管轄下にある連邦住宅管理局（FHA；The Federal Housing Administration）が扱っているホーム・エクィティ・コンバージョン・モーゲージ（HECM；Home Equity Conversion Mortgage）である。

HECM の対象者は 62 歳以上の持家高齢者であり、死後、あるいは永久的な移動があるまで元利の返済義務が一切生じない。HECM も、当初は不動産担保ローンの 1 つに過ぎなかった。しかし住宅価格が上昇するに連れて利用者数も増えて、現在ではアメリカで最もポピュラーな公的リバースモーゲージであり、信頼性の高い「住まいの年金化」制度として普及している。

その人気の理由は、次の各点にある。

(1) 借り手・貸し手のリスクを FHA の制度保険が保証するから安全。
(2) 原則代物弁済であり、ノンリコース・ローンだから家族も安心。
(3) 非課税扱いだから、他の公的サービスへの影響が少ない。
(4) 担保評価率が相対的に高目で有利。
(5) 資金用途に制限がない。

社会的弱者ともいうべき困窮家計の持家高齢者（利用者）にとっては、退職後から終焉期までの不確定な期間、家計の最大資産である住まい（住宅）を担保に生活資金を借り出すリバースモーゲージはその安定性と継続性が最優先的条件となってくる。

　また、HECM の刮目すべき特徴として、地方圏と都市圏の地域格差を融資条件に反映させている。翻って日本のリバースモーゲージの場合は、地方圏と都市圏の地域格差の調整はなくて、逆に担保評価額の下限値が全国一律で設定されている。

　似たような仕組みのリバースモーゲージではあるが、両国の住宅需要の格差と、政府の取り組む姿勢の違いがそのまま利用件数の格差に反映されている。

　HECM のいまひとつの特徴として、その利用に先立って、資格者によるカウンセリングの受講を連邦法で義務付けながら、安易な利用には歯止めを掛けている。

　HECM の対象となる住宅は、HUD が定める最低資産基準に適合していなければならない。HECM の場合は、完全なノンリコース・ローンであり、住宅の資産価値（使用価値）だけが担保であるから、融資を焦げ付かせないためにも住宅の状態（性能・機能・デザイン）の保持に対する FHA の態度は極めて厳格である。日本のリバースモーゲージでも、住宅に担保設定するが、その担保評価は土地（敷地）だけであり、したがって家屋の状態には一切関知しない。こうした事情にも、日本の家屋に対する“スクラップ＆ビルド”の風潮が垣間見える。

　HECM の場合は、FHA から委託された鑑定士（Appraiser）が、対象住宅について、外部の塗装状態から内部のキッチンのキャビネットやカーペットに至るまで綿密に調査し評価する。鑑定人が HUD 基準に適合していない個所を見つけたら、利用者はリバースモーゲージの始まる前までに修理を済ませておかなければならない。その修理個所が、全体の 15％以下ならば契約時以降に、15％を超える場合は契約に先立って修理を済ませておくことを要求される。30％を超える範囲の修理が必要な住宅の場合は、リバースモーゲージの実行は HUA の判断に委ねられる。一定規模以上の修理が必要とされる住宅の場合は、契約後の修理費用として工事費用を預託しておくことになる。テキサス州の場合は、こうした預託金についての規制が別に設けられている。

　HECM では、その対象住宅の鑑定評価の段階で、およそ半分相当が、HUD やファニーメイ（FNMA：Fannie Mae）の最低基準に達するために必要な修理を鑑定士から指摘されている。契約時までに、指摘された個所については地域の

建設業者から修理の見積書を取っておくように要求される。借り手が、こうした義務を怠った場合は、契約を途中で終了させる場合もある。貸し手は、修理の必要予算額の150％相当額を、別途、ファンドに組み込む。

　以上の担保評価方法からも明らかな点は、まず住宅の資産価値観における日米間の相異である。日本の住宅の場合は、敷地（土地）と建物はそれぞれ独立した権利主体であり、その2つが合体（定着）している不動産と説明できる。片や、アメリカの住宅は土地と建物の一体的権利の不動産である。アメリカの場合、住宅の資産価値は主として居住環境と居住性能にあり、居住に必要となる家屋の性能・機能・デザインについても綿密に調査し評価する。すなわち住宅の価値は、その生活する場所と空間で構成する「居住性能」にある。だからアメリカ人の多くは、日曜大工もするし、家屋や設備のメンテナンスを怠らない。そうした日常的な作業が住まいの資産価値（市場価格）を保持させるからであり、「稼ぎ」にもなるからである。彼らが、住宅の修理修繕の履歴データを大切に保管しているのは、売却する際、買い手にその詳細を説明するためである。

　本書でもすでに触れた点だが、日本の既存住宅は、土地の評価額がそのまま資産評価額となるケースが少なくない。だから家屋のメンテナンスには熱心になれないのか、"使い捨て"の生活文化だからなのか、いずれにしても住宅の資産価値のサスティナビリティは低い。

　こうした日本人の住宅観や住宅市場、また金融制度の下では、"スクラップ&ビルド"の風潮は助長されることはあっても疑念を抱かれることはない。遺憾ながら、日本の新築市場はここから先も続きそうである。

　リバースモーゲージの持家担保融資の仕組みに日米間の相違はないのだが、政府保証制度や地域格差の調整に、両国政府の取り組み方の違いが明白である。いまひとつ、両国制度の相違点は住宅の資産評価にある。アメリカのリバースモーゲージの場合は居住空間の効用を重要視している。リバースモーゲージが終了した時、次の買い手（住み手）が、そのまま居住できる状態を保持していないと資金回収が回収できないからである。HECMが、コンドミニアム（マンション）も融資対象としているのは、土地だけではなくて、「居住空間的性能」を担保にした融資だからである。

　こうした観点からすれば、アメリカのリバースモーゲージはまさしく「住まいの年金化プラン」であるが、日本のリバースモーゲージの大半は「敷地（土地）の年金化プラン」ということになる。

「HECM の概要」

(1) HECM の場合、洪水保険契約では住宅資産評価額から土地代金を減じた残価を以って賠償金額としている。建物の評価が住宅資産構成の中でも相当部分を占めている証左となる。
(2) 申込み時に物件調査と鑑定評価をする。
(3) 同居人に対する制約がない。
(4) コンドミニアム（マンション）やアパート（自宅併用）なども対象となる。
(5) 所得に対する制約がない。
(6) 解約権については統一されていない。
(7) 資金用途については原則制約はないが、住宅の修理・改装費用が最もポピュラーである。
(8) 生存中は元利とも返済しないし、所有権移転もなく住み続けられる。注意が必要なのは、借入限度額が、持家の資産価値（担保評価）／借入期間（生存年数）で算定される点である。たとえば、65歳で借入をスタートするよりも75歳からの方が借入限度額も大きい。
(9) 子どもが担保物件（住宅）を売却して親の借入を返済するケースが増えている。

　図7‐1は、HECM のカウンセリングの際に実際に使われている資料の一部である。右の図は、リバースモーゲージについて、「借金は増えていく、資産価値はゼロに近づいていく」契約であると図解して説明している。

HECM のコンドミニアム・ルールの緩和
　2019年8月、FHA は、コンドミニアム（コンド）のリバースモーゲージ適格要件の緩和見直しを発表した[1]。
　同年10月から施行された改定ガイドライン（revised guideline）の概要は以下

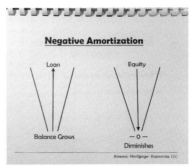

図7-1　HECM カウンセリング資料

のとおりである。

(1) 10戸以上の規模のコンドであれば、FHA が保証している区画（ユニット）が10%以上でなくても個別に FHA の保険対象となる。
(2) 建物内のユニットが10戸未満の場合は、FHA 保険に加入できる戸数は2ユニットまでとなる。
(3) 所有権居住者（オーナー）の居住率制限を緩める。
(4) 現在、保険対象として適格なコンドミニアム・プロジェクト数は全体の50%程度に過ぎない。プロジェクトの再認定期限を、これまでの2年から3年に延長する。

　今回のコンドミニアム・ルールの改定によって、より多くの複合施設のコンドミニアム・プロジェクトが保険対象となる。ただし複合施設の場合は、非居住用部分が最大35%までと定められている。今回の改定は、HECM の利用を希望していたコンドミニアム・オーナーにとっては僥倖となった。数年前、FHA がそのスポット承認プロセスを廃止したために、コンドミニアム・オーナーのアクセスは制限されてきたからである。

　これまでは、コンドミニアムで HECM を利用する唯一の方法は、建物全体

1) FHA loosens condo eligibility requirements for reverse mortgages, August 14, 2019 (http://www.housingwire.com/articles/49852-fha-loosens-conde-eligibility-requirements-for-reverse-mortgages/).

のFHA承認を取得する必要があった。このプロセスでは、十分な保険の証明を含め膨大な文書を必要とし、さらに10％を超えるユニットを所有する個人所有者がいないことなども適格要件として確認された。コンドを投資対象とする所有者の廃除が目的の規約であり、個人のオーナーを護る目的もあった。

またこれまでは、さらに十分な現金準備の証明、およびユニットの少なくとも50％のオーナーが居住（占有）していることの検証等々、複雑で煩雑な事務が必要とされてきたことに対する不満の声が多かった。

FHAは、新たな「ユニットの個別承認ルール」の下で、年間2万から6万のコンド・ユニットが資金融資の対象となるものと推定している。

今回のコンドミニアム・ルールの改定について、関係者は次のようにコメントしている。[2]

FHAの戸建住宅部門のジゼル・ロジェ（Gisele Roget）曰く、

「今回の緩和によって、新しい借り手にも扉が開かれることを期待している。多くの高齢者がFHAのプロジェクト承認のプロセスを通過することができない、または適用されないコンドミニアムに居住していることを認識している。この新ルールによって、HECMの利用希望者がHECMの単一ユニット承認を利用できるようになるから、FHAから建物全体の承認を得ていないコンドであっても、年齢などの条件に問題なければ利用できるようになる」。

HUDの長官であるベン・カーソン（Ben Carson）は次のようにコメントしている。

「新しいコンドミニアム・ルールは、最初の家を購入しようと考えている家族、また老後を便利な場所で自立して過ごしたいと考えている高齢者の間では大きな関心事であった、また、持家率を高めようとする行政にしても非常に重要な政策の一部であった。ここまで漕ぎ着けるのにずいぶん時間を要した。多くの人たちが、コンドミニアム・ルールの改訂が始まるのを心待ちにしていたのは知っていた。リバースモーゲージ業界も、長年にわたってHUDにロビー活動を続けながら、スポット承認禁止の解除を待っていた。」

全米リバースモーゲージ・レンダーズ・アソシエーション（NRMLA：

2）注1）参照。

National Reverse Mortgage Lenders Association）も、今回のコンド・ルールの緩和に対して、以下のようにコメントしている。

「コンドミニアム・プロジェクトの承認と再認証の分野で HUD が提案した改定を評価し、支持している。HUD の新ガイドラインが公開されることで、コンドに居住しているシニアたちが、その資産価値を活かしながら充実した老後をその場所で過ごしたいといった要望に応えることができるからである。」

事例　HECM を利用している日本人

久保田明子さんは、現在 81 歳、アメリカの永住権で、ホノルル市内の中心に建つ高層マンション（コンドミニアム・35 階建・築後 40 年）に、現在は独りで住んでいる。同居し介護していた母親も数年前に亡くなった。彼女の住戸（ユニット）は 30 階（1LDK・76 ㎡）のオーシャンビューであり、毎月の管理費は水道光熱費込で 860 ドル（取材時で約 8 万 6000 円）である。彼女は、69 歳のとき HECM を利用して一括借入をした（図 7-2）。

久保田さんは、HECM の利用を迷わず決断した理由について、次のように説明している。

HECM は、元利ともに死後一括返済だから途中の返済義務がない、また契約時の融資条件が終身継続される、そして資金用途に制約がない。この 3 点が、彼女に HECM の利用を決断させた理由であった。彼女は、当時、日本の不動産投資で多額な負債を抱えていた。彼女は、日本の負債を、HECM の資金で借り替えしようと考えた。日本の不動産絡みの負債が消えれば、生活費は年金と貯えでなんとか賄える、彼女はそう考えたと言う。

日本全国で不動産が理由もなく急騰したバブル期には、久保田さんが都内に所有していた収益物件の利回りも順調に推移していた。しかしバブル崩壊で家賃収入も減り、収支勘定は暗転した。久保田さんは、毎月のローン返済には他の蓄えを取り崩しては補填しなければならない状況に陥った。都内の賃貸市場も借り手市場に転じて、賃貸借契約の更新のたびに賃料も値下げされた。ついに久保田さんの不動産投資は負債化に転じた。久保田さんは、“テナント付き収益物件”として売却を探った。売却物件として登録してから 1 年以上を要したが、希望価格を大きく下回った金額で売却することができた。しかし、日本

図7-2　久保田氏のコンド

著者撮影

の金融機関からの借入清算には売却代金だけでは足りなかった。久保田さんの家計は、現金収入はすでになくて、公的年金だけの収入であるから、まとまった返済資金を調達できる方法はなかった。

　居住しているコンドの価値が居住しながら現金化できる、しかも所有権は保持したままであり、借入金は元利とも死後一括返済といった仕組みの HECM は、彼女にとってはまさに宝くじ的僥倖であった。

　2003 年頃から価格上昇期に転じていたホノルルのコンド市場を背景に、久保田さんは、そのコンドの膨らんだ資産価値を担保にしながら HECM から一括で借り出した資金で、日本の不動産投資の幕をようやく閉じることができた。

　ホノルルのコンドに住みながら、HECM を利用して日本の不動産投資を清算した日本人を何人も知っていると、後から久保田さんは話してくれた。

　2004 年夏、著者が、リバースモーゲージの日米比較について、ホノルルのラジオ番組 KZOO で話していたのを、偶然、久保田さんは自宅で聴いていた。久保田さんは、日本に帰国していた私に、国際電話で、「今度、ホノルルに来た際にはお会いしたい。リバースモーゲージについて話を聞きたい」と言ってきた。

　その年に日本評論社から刊行された拙著『リバースモーゲージと住宅』が、ハワイ在住の日本人の方々にも読まれていたことから、2005 年 10 月、ホノルルの日本人会が主催する集会で、リバースモーゲージについて講演する機会を得た。そのとき、アメリカのエスクロー数社から、「日本のリバースモーゲージ市場に進出したい、ついてはコンサルタント契約を結びたい」といったオファーを受けた。近い将来、日本に外資系のリバースモーゲージ商品が販売されるようになるだろうとは予測できたが、日米の金融市場の相違や日本人の資産観、家族観などの刷り合わせにも相当時間を要すると説明して、丁寧にお断りした記憶がある。

　また拙著をテキストにしてアメリカの不動産ライセンスの受験勉強をしたと言う不動産会社のスタッフとも知り合いになり、コンドのタイムシェアなど³⁾を紹介された。

　久保田さんからは、その後も、リバースモーゲージに関する資料の収集や講演の手配、また日系人のエージェント（代理店）やハワイ大学の先生たちも紹介していただいた。またハワイの不動産王とも称されているユキ・カジワラ氏（トランプ大統領の友人）との交流も、久保田さんからのご縁であった。

　2017 年 8 月、来日した久保田さんと、滞在先の品川プリンス・ホテルでお会いした。久保田さんは、来日すると、まずホテルに 1 週間滞在して、そこで日本の親しい友人たちと歓談するのを楽しみにしている。

　ホテルでは、最近の久保田さんの暮らしやホノルルの近況、そして HECM についても取材させていただいた。

(1)　久保田さんは、1995 年に、築後 11 年のコンドを約 33 万ドルで購入した。それから 10 年後の 2005 年から HECM を利用した。久保田さんのコンドの市場価格を、近くの不動産業者に問い合わせたところ、今年は約 45 万ドル前後だが、まだこの先も値上がりするだろうと言いながら、売却するときは購入希望者がいるから連絡してほしいとも言っていた。

　　久保田さんのコンドは、日本人にも人気がある便利な立地なので着実に値上りしている。その値上り分は、リファイナンス（再評価）すれば、そのまま HECM の担保価値（融資限度額）も増額されることから、久保田さんの生活設計の安心感にもつながっている（図 7-3）。

　　2016 年に、久保田さんは、現在、大阪に住んでいる娘さん（米国永住権を保有）を、ホノルルのコンドの相続人として、リビング・トラスト（生前信託）に登録した。この件については、すでにハワイ州のリビング・トラストや HECM に精通した友人に手続きを依頼してあった。

(2)　ハワイの住宅市場の好況がこのまま続くとなると、久保田さん母娘は、次のようなシナリオも描くことができる。将来、久保田さんが亡くなると、

---

　3 ）拙著『少子高齢社会のライフスタイルと住宅』ミネルヴァ書房、2004 年。

　HECM も清算することになる。久保田さんの借入金（元利共）の全額は、コンドの売却代金（時価）を以って一括返済される。その際は、少なくともコンドの値上り分は清算余剰金（売却益）となり、相続人となる娘さんに渡る。

　久保田さんのリビング・トラストに、コンドの相続人として登録されている娘さんは、相続に必要な裁判所による遺言検認手続きが省略され、さらに相続税も非課税扱いとなる。

　久保田さんの死亡時（清算時）に、娘さんが 62 歳以上であり、母親のコンドに居住しているならば、一定の手続きは必要だが HECM を引き継ぐことができる。

　また娘さんの場合は、いまひとつの選択肢として、住宅購入目的の HECM（for purchase）の利用もある。コンドの清算余剰金を頭金にしながら、別の場所に、新たに住まい（コンド・戸建住宅）を購入する選択である。この先も、ホノルルの住宅市場に堅固な需要が続く限り、HECM の発展的利用も継続するはずだと、久保田さんは結んだ。

　ハワイ州の場合は、とりわけオアフ島における住宅需要は極めて旺盛であり、戸建住宅やコンドの価格は着実に右肩上がりの市場を形成している。こうしたトレンドの住宅市場が、リバースモーゲージが普及・定着するために必要な制度基盤となっている（図 7-3）。

　久保田さん母娘は、二代にわたって HECM を利用することをすでに決めている。日本のリバースモーゲージ市場では、こうしたケースは考えられない。というのは、日米間の制度上の相違は言わずもがな、マンション市場の構造的な格差とマンション寿命の短命さがあるからである。日本のマンション事情では、築後 30 年経過した頃からマンション建て替え検討委員会が設立されたりすると聞いた。こうした事情も反映されて、厚生労働省のリバースモーゲージでは、最初からマンションを対象外と定めている。

　アメリカ社会では、アメリカンドリームのシンボルは"マイホーム"であり、世帯の富の蓄積はマイホームのエクイティ（資産価値）として凝縮されている。久保田さん母娘の場合は、"ホーム・エクイティ・トレイン（持家資産列車）"と

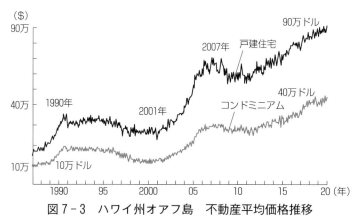

図7-3　ハワイ州オアフ島　不動産平均価格推移
資料：Honolulu Board of Realtor.
出所：住宅資産研究所。

も評するべき居住用資産の"HECM付き相続"であり、"親子二世代が乗り継ぐ列車"がコンドなのである。

　しかしホノルルのコンドのすべてが、久保田さん母娘のような展開を期待できるわけではない。久保田さんが所有しているコンドは、比較的新しい（築後年数が短い）、コンドの維持管理（メンテナンス）も万全、観光立地でありながら生活利便性にも優れている等々の点で優良物件であり、何人もの購入希望者がウェイティング・リストに登録されている。ちなみにコンドの場合は、その入居者の50％以上がオーナーでないとHECMは利用できない。久保田さんの申込み時点では、50％未満だったが、融資額が担保評価の40％程度まで引き下げられて、結局、融資が受けられた。

　政府系のHECMは、利用者からの信頼度も高く、また債務保証保険やリファイナンス・プラン、買い替えプランなどと、そのバリエーションが多い点も人気の理由となっている。

　また、リビング・トラストとリバースモーゲージを連携させる方法で、家族間の財産継承（相続）もスムーズに運ぶメリットは想定外であったと、久保田さんは喜んでいた。彼女は、ホノルル在住の日本人に友人知人が多いのだが、彼らの大半がHECMの利用者だと話していた。

　最後に、久保田さんのリバースモーゲージに対する評価や感想について、改

めて取材した。

　久保田さんは、日本の国籍を持ちながら、22年前にホノルル市内のコンド
を購入し、当時サンフランシスコに住んでいた85歳の母親（99歳で逝去）を呼
び寄せて、その介護を続けながら暮らしてきた。久保田さんが、HECMを利
用しようと決断した最大の理由は、やはり老後の生活費の不安もあった。久保
田さんがHECMを利用するきっかけとなったのは、ラジオ放送番組KZOOで、
リバースモーゲージについての著者のトークであったと聞いて、不思議なご縁
を感じている。

　その放送のなかで、HECMについて、「住んでいるコンドを担保にして融資
が受けられる」、「資金用途に制限がない」、「そのまま住み続けられる」、「その
返済は死んでからコンドを明け渡せばいい」、「不動産相場の値下がりにも関係
なく契約時の融資額が借り出せる」等々の仕組みを聴いて "思わず耳を疑っ
た" と、そのときの衝撃を、久保田さんは何度となく話してくれた。

　久保田さんは、終戦後、母親の強い勧めに従ってアメリカに渡り、アメリカ
の大学を卒業した。卒業後は三和銀行サンフランシスコ支店で13年間、金融
業務に携わった。その経験は、久保田さんのその後の人生の折々に活かされる
ことになる。まず金融業界で働いてきた久保田さんの常識では、"返済しなく
ていいローンなんかありえない" と驚いたらしい。

　しかし久保田さんは、HECMのカウンセリングを受けながら、収入が固定
的な年金生活者にはすこぶる合理的な仕組みであり、安全で、そして家族にも
迷惑をかけないで、老後を経済的にも自立できると確信したと言う。HECM
が、原則、ノンリコース・ローンであり、さらにリバースモーゲージの三大リ
スクともいうべき「不動産価格の下落」、「金利の変動」、「長生き」などにも対
応するFHAの保証保険があったからである。また久保田さんは、HECMが、
高齢の利用者に対して遺言信託や推定保証人の同意・連帯保証などまで要求す
る日本のリバースモーゲージと同じ仕組みであったならば利用しなかったとも、
話していた。

　現在でも、久保田さんは、「高齢者にとってHECMは頼りになる、すばら
しい公的制度」だと絶賛する。そして次に、必ず、「日本で、なぜHECMと
同じような仕組みのリバースモーゲージが開発されないのか、一体、どこに原

因があると考えますか」と著者に迫る。

　著者は、そのたびに、生活が困窮して生活保護寸前の高齢者世帯を対象にしている厚生労働省の不動産担保型長期生活資金貸付（リバースモーゲージ）と、HECM との相違について説明を繰り返す。しかし久保田さんは、"やはり日本政府の狭量さが原因なのか"と質問してくる。著者は、「和製リバースモーゲージは、アメリカの HECM と同名ではあるが、まったく異質な仕組みなのだ」と説明するのだが、久保田さんはますます理解に苦しむようである。

　2016 年度の資料（U.S. Department of Housing and urban Development）でみる HECM 利用件数（リフィアナンス件数）は、カルフォニア州 1 万 1068（2357）件、テキサス州 4276（508）件、ニューヨーク州 2198（257）件、アラスカ州 41（1）件、ハワイ州 178（9）件である。各州の人口や高齢化率、世帯数や持家率など関連条件の格差を調整・勘案しないで件数だけの比較は意味が無いが、リフィアナンス件数で地域の住宅市場の堅調度をある程度推し量ることができる。ちなみにテキサス州は、全米一の高齢化率であり、また外からの移住が多い州だから住宅需要も堅固であり、HECM の制度環境としたら良好なのかもしれない。

　ホノルル（ハワイ州）は、本土の他の州と比べて特徴的な市場を形成している。まず、その島嶼性によって住宅地に適した平坦地が極めて少ない点、また軍事基地の存在も平坦な住宅用地を狭めている。こうした条件からして、住宅ストックの絶対数が限界的な上に、さらに世界中から旺盛な投資目的の需要も集めて堅固な売り手市場を形成している。またオアフ島は、第三次産業の観光関連が中心的であり雇用環境も厳しい。若者の多くが地元の大学を卒業すると本国に出て行く。一旦、外に出てしまったら戻らない子どもが増えていることから、住んでいる家を子どもに相続させたいとは考えない親も増えている。となると、住んでいる家を年金化する仕組みのリバースモーゲージを利用する世帯が今後も増えていくと予想される[4]。

　ホノルルに住んでいる日本人たちが、HECM を利用していることは聞いて

4）オアフ島の住宅事情やリバースモーゲージについては、拙著『少子高齢社会のライフスタイルと住宅』（ミネルヴァ書房、2004 年）、『持家資産の転換システム』（法政大学出版局、2007 年）に詳しい。

表7-1　ハワイ州のリバースモーゲージ（HECM）利用状況

Year	HECM	Refinance	Purchase	Total	Rate	Limit	Home Val
2013	252 件	7 件	0 件	259 件	3.5%	$336.406	$518.926
2014	187	1	0	188	2.93	297.485	521.557
2015	167	12	7	186	3.31	316.762	529.649
2016	159	9	10	178	4.0	320.189	544.104

出所：U.S. Department of housing and urban Development.

いた。しかし、今回、本書で取り上げようと考えたのには理由がある。HECM
を利用している久保田さんが、私と会うたびに、HECM の効用を絶賛するか
らである。

　あるとき、"老後は、日本で、娘さんと一緒に暮らそうとは考えないのです
か"と訊ねたところ、「とんでもない、そんなことをしたら HECM が打ち切
られてしまいます。逆ですよ。娘はアメリカの永住権を持っていますから、彼
女が退職したらホノルルに呼び寄せて一緒に暮らします。彼女が62歳になっ
たら HECM を使えるように、リビング・トラスト（生前信託）に、私のコンド
の相続人として登録したばかりです」と、即答された。

　久保田さんとの談話のなかで、HECM の仕組みについて、正直なところ、
日本のリバースモーゲージとは隔世の感ありと痛感させられた。そしてアメリ
カのリバースモーゲージとはまったく異なった仕組みのジャパニーズ・リバー
スモーゲージについて、根底から洗い直す必要があると、改めて確信した。

　本書で、久保田さんが利用している HECM について、ある程度詳しく紹介
したのには目論見がある。日本の方々に、老後の杖となる「ジャパニーズ・リ
バースモーゲージ」の社会的必要性を理解してほしいと考えたからに他ならな
い。

　ここで、久保田さんの話の中に出てきた「リビング・トラスト（Living
Trust：生前信託）」について、その概要を紹介しておきたい。日本でも 2007（平
成 19）年 9 月に改正された新信託法の施行によって、ようやく「家族信託」と
して信託が身近に活用できるようになった。日本も生活面では、良くも悪くも、
保険社会と契約社会のアメリカに近づいている。

　早くからリバースモーゲージが利用されてきた欧米社会では、私財の利益を

法的所有権から分離・独立させる「信託」の概念 (Legal ownership from beneficial enjoyment) が英米法によって確立されてきた。英米法体系社会における伝統的な持家年金制度であるリバースモーゲージを、大陸法体系の日本に取り込もうと試みるならば、法体系や生活文化の垣根を超えたハイブリッド・コンセプトの構築がまず必要であり、そのコンセプトに基づいた制度基盤の「ジャパニーズ・リバースモーゲージ」を検討しなければなるまい。

リビング・トラスト

　リビング・トラストは、個人の財産を生前・死後にわたって管理し、その遺言検認も拒否できるレベルでプライバシーを保持する仕組みの契約である。

　リビング・トラストは、委託者（譲渡人：grantor）の財産に設定される。その財産（信託財産）の受益者として、誰でも、自分自身も、登録できる。リビング・トラストの受託者（譲受人：grantee）は、信託財産を管理し、委託者の利益のために、その信託財産を使用・運用する責任がある。委託者の死後、受託者（自身でない場合）は、信託財産を次の受益者に分配する。

　ハワイで最もポピュラーなリビング・トラストは、生存中に受益者の変更や削除が可能な「取消可能型リビング・トラスト（revocable living trust）」であり、「取消不能型リビング・トラスト（irrevocable living trust）」は途中の変更ができない。

　リビング・トラストの場合は、信託財産についての遺言検認も拒否できる。ハワイでは統一遺言検認コード（the Uniform Probate Code）を基に手続きが合理化されているのだが、遺言執行には数カ月かかることがあり、弁護士費用などの負担も増える。しかし信託で遺贈された資産は、裁判手続を経ずに委託者の死亡直後に分配されるから、時間と費用が節約できる。ハワイのリビング・トラストでは、10 万ドル未満の土地の遺言検認手続はさらに簡素化されている。またハワイの場合は、リビング・トラストに資産を登録する方法で、配偶者を排除することができない。リビング・トラストの財産について、生存配偶者は、相続の選択的権利が法律で保証されている。

　またリビング・トラストでは、委託者が本人能力を喪失した場合でも必要なサポートサービスを提供する。一般的な遺言の場合は、保護観察され、公開記

録にする必要があるのに対して、リビング・トラストの場合は、裁判所の承認を必要とせず、単独でも有効に執行できる。またリビング・トラストの場合は、受益者、財産、および条件等について一切公開されることはない。夫婦が共同で「取消可能型リビング・トラスト」を利用している場合は、生存配偶者の死亡による財産税は適切な措置を取ることで大幅に削減または完全に排除できる。

　リビング・トラストを利用するには、まず委託者のすべての財産の詳細を記載した文書（trust document）を作成しなければならない。次に、委託者は、公証人の前で書類に署名する。最後に、財産の所有権を委託者から受託者に移転する。リビング・トラストは、家族の財産に対して、その支配権とプライバシーを保持できる安全で有効なツールとなり得る信頼契約である。

2　フランス人の私的な「住まいの年金化」

個人住宅年金「ビアジェ」

　フランスには、本書で取り上げている「個人住宅年金」の一種ともいうべき「ビアジェ（Viager）」がある。ビアジェは、高齢者が、現金収入を調達する目的で、住んでいる自分の家（持家）を、第三者に売却する契約を指す。ビアジェでは、住んでいる家を引き渡すのは高齢者（売り手）の死後であり、存命中の居住（終身の居住権）の留保が前提となっている。終身の居住権については、リバースモーゲージと同じである。ビアジェが特異な不動産譲渡契約と言われる所以は、買い手は、売り手の生存中、購入代金の割賦金を、毎月、払い続ける義務を負うことにある。しかし売り手が亡くなったときは、割賦金の支払いも終了する契約であり、その射幸性から「射幸契約」として、フランスの民法上で一定の制約を受けている。

　フランスのお年寄りが持家の買い手を探すのに、新聞にビアジェの広告を掲載したりする。その買い手が友人知人であったりもするが、通常は有利な条件の買い手を広範に探そうとする。

　ビアジェは――リバースモーゲージの1つとして位置付けられるのだが――当事者間で、個々人の自由意思に基づいて取り交わされた合意（取引）であり、その契約の内容は一律的ではない。

　ビアジェの場合、買い手は債務保証のために生命保険の加入義務を負い、ま
た転売する場合は新たな買い手の連帯保証人となる。ビアジェの契約は公正証
書を作成して締結する。その際、公証人は、住宅の時価評価や売り手の余命を、
保険余命表を使いながら割り出し契約額を算定する。

　売り手の方は、ビアジェ契約の期間中、原則、持家の資産税や建物の維持管
理に要する諸費用は負担する。しかし集合住宅の住戸の場合は大規模な修繕改
装工事などの費用については買い手の負担と決められている。またインフレー
ションなどによって物価騰勢で生活費が嵩み、それまでの月次収入（割賦金）
では売り手の家計が窮屈と判断された場合は、契約上に取り決め（特約事項）
がなくても、買い手に対して法定比率に則った増額を義務付ける保護措置も法
定されている。

　フランス政府は、ビアジェの収入については個人の不動産譲渡所得とみなし
て、申告義務と納税義務を課している。としながらも政府は、高齢者の自助
的・自衛的で、なおかつ伝統的な終身年金契約であるビアジェに対しては一定
の理解を示しており、税法上の優遇措置も講じている。

「ビアジェ」とリバースモーゲージの相違点

　ビアジェは、終身年金契約（持家譲渡取引）として、フランス人の間で古くか
ら利用されてきたのだが、その背景として、次の要素が挙げられる。

　(1) 当事者同士の自由取引であり、制約が少ない。
　(2) 契約の内容や履行が単純でわかりやすい。
　(3) 民法上で売り手の利益が保護されている。
　(4) 公正証書による契約だから安全で確実。
　(5) 税制上の優遇措置が講じられている。
　(6) 地方の高齢者の持家にも需要（人気）がある。
　(7) 住宅市場の需給バランスが安定的。
　(8) 単身者・夫婦の持家率が高い。
　(9) 買い手の資金的負担が軽い（分割払い）。
　(10) 長期的な不動産投資への関心が高い。

(11) 長期のバカンスが保証されている。

(12) セカンドハウス選好が強い。

(13) 射幸性が魅力。

(14) 若い世代にも利用しやすい。

　これらの各要素を、日本のリバースモーゲージと比較するとき、日仏の国情や生活文化などが、その普及・定着に色濃く関係していることが理解できる。

　ビアジェが、イエの住み手の世代交代を、当事者の生活ニーズに応えながらスローな取引（スロービジネス）で体現させていることにも気付く。またビアジェの場合は、都市部よりもむしろ地方の持家高齢者が売り手となるケースが多い点でも他のリバースモーゲージとは異なっている。フランス人のライフスタイルの特徴として、「フランスの良さは地方にこそある」とするローカル志向が伝統的に強い。フランス南西部はとりわけ人気の高い地方であり、したがってビアジェの件数も相対的に多い。ビアジェが、フランス人の間で伝統的な個人住宅年金プランとして定着してきたのにはこうした理由があったことに気付く。

　次に、ビアジェと日本のリバースモーゲージを比較してみよう（表7-2）。

(1) リバースモーゲージは原則持家を担保にした借入れ、対してビアジェは持家の売却。

表7-2　ビアジェとリバースモーゲージの比較

	ビアジェ	リバースモーゲージ
利用者の立場	不動産の売り手	生活資金の借り手
目　的	不動産売買射幸契約	死後一括償還型不動産担保融資契約
契約金額	契約額は不確定	担保評価極度内（担保見直しで変動）
支払・融資条件	月賦払い	選択可能（一括・月次・他）
長命リスク	買い手の負担	借り手の負担
不動産価格下落リスク	買い手の負担	借り手の負担
金利上昇リスク	買い手の負担	借り手の負担
終了後の不動産	明け渡し	担保権の実行（売却処分）

出所：住宅資産研究所。

(2) リバースモーゲージには融資限度額があり、ビアジェの場合は終身の入金がある。

(3) リバースモーゲージの制度リスクは利用者が負うが、ビアジェの売主はリスクがない。

　しかし、アメリカの HECM の場合は FHD の保証保険がリスクをカバーしているから普及している。一方のビアジェは、契約上のリスクは買い手となるのだが、売り手が想定よりも早めに亡くなれば、その分、支払額は少なくて済む。買い手側には、こうした射幸性があるからこそリスクも負うのだと理解もできる。

　最近、日本でもトンチン保険が販売されている。日本生命の個人年金商品「グランエイジ」は、「長寿生存保険」を謳い、長生きした場合の生活費の保障（生存リスク）を重視した契約の終身年金であり、解約返戻金・死亡返戻金を抑えることで年金額を確保するといった仕組みである。通常、個人年金保険は払込期間中に死亡すると払込相当額が返戻されるが、この商品は返戻額が抑えられているため元本割れする。そのかわり年金額は高めに設定されていて、早期に亡くなってしまう人の払った保険料を長生きした人の年金にあてている。こうした性質を「トンチン性」と称している。そろそろ日本人も、ビアジェの射幸性が気にならなくなってきたのかもしれない。

フランス映画『パリ3区の遺産相続人』

　フランス映画『パリ3区の遺産相続人』は、『いちご白書』の脚本家であるイスラエル・ホロヴィッツが、自作のヒット舞台劇を3人の名優を迎えて映画化に漕ぎ着けた。フランス社会では伝統的な個人間の住居売買取引であるビアジェがこの映画の重要な骨格をなしている。著者も、ビアジェについては文献資料で調べたり、フランス人にインタビューしたりしてきたが、こうした映画に出会えたことは幸運であった。

　この映画は、2015年11月末、渋谷のル・シネマで封切されて、著者も足を運んだ。このタイトルからして、観客は多くはなかろうと踏んでいたが上映館に入ってびっくり、中高年のカップルやグループでほぼ満席であった。居住し

ている住まい（持家）を原資にした自助的な個人年金制度を利用しながら、逞しく生活しているフランス人の老後に深い関心と理解を寄せている中高年層が少なくないことに改めて感銘を受けた。

さて、映画のあらすじは次のような展開である。

57歳のアメリカ人マティアスが疎遠だった父の遺したパリ3区の一等地にあるアパルトマン（アパート）にやってきた。離婚3回で子どもはなく、ニューヨークの家を処分しても借金だけが残った彼は、このアパートを売却してどこかで気ままに暮らすつもりだった。そのアパートには、持ち主の老女マティルド92歳が娘と一緒に住んでいた。部屋数が多い上に広い庭付きと知った彼は高い売値を期待し、マティルド母娘に立ち退きを迫った。しかし、逆に彼女から驚くべき事実を告げられる。このアパートは、43年前に、彼の父とマティルドとの間でフランスの伝統的な住居売買契約（ビアジェ）が取り交わされていて、遺産相続人であるマティアスは毎月2400ユーロをマティルドが死ぬまで払い続ける義務も引き継ぐことになる。マティアスの父はそのアパートにすでに莫大な資金を投じていたことを知り、また相続人であるマティアスも、父と同様に毎月の支払い義務を負うことに愕然とする。すっかり当てが外れたマティアスは、パリの不動産業者を回って、ビアジェ付きのアパートの相場を聞いて回り、買い手を探して歩くのだが……。

やはりビアジェについて、軽妙に、しかし手加減することなく描かれているフランスの短編小説の1つにモーパッサンの『酒樽』がある。その中でも、隣の土地を喉から手が出るほど買いたがっている地主と、その土地の地主である老人との間で繰り広げられる駆け引きと顛末が描かれている。なかなか首を縦に振らない売り手の老人にすっかり業を煮やした買い手は、とうとう死ぬまで現金を渡し続けることを約束する。その好条件にはさすがに抗し切れなかった老人は、死んだら土地を譲ることを承知してしまう。買い手は悪計を企てて老人の家に酒樽も持ち込み老人をアルコール漬けにする。ついには老人を酔いつぶして死に追いやるまでがストーリーであり、ビアジェの功罪が容易に理解できる秀作である。

終　章　百歳社会の「住まいと暮らし」の方向性

　日本の住宅問題は、長き老後の生活不安にも直結している。本書のテーマは
この一点に集約できる。

　"スクラップ＆ビルド"の風潮と世界一高額な住宅とが伏線となって、近年
新たに浮上している問題が日本人の着実な長命化と相変わらず短命な住宅寿命
との時間差（タイムギャップ）である。このタイムギャップが高齢期の住まいと
暮らしに不安の影を落としている。

　第Ⅰ部では、ヒトの生体的変化（老化）、シュリンクする家計（カネ）、イエの
構造的劣化、地域社会の衰退、家族像の変化、これらの要素の相関性について、
事例を挙げながら、多面的、多角的に俯瞰している。

　これらの要素に通底する絶対的共通点とは「時間」であり、さらに踏み込め
ば「経年的変化」であり、「諸行無常」の絶対的普遍性である。

　たとえば、新築したばかりのイエであっても、そこに一日でも、誰かが住ん
だとしたら、そこから以降は中古住宅物件となる。すなわちイエの場合は、そ
の物理的、構造的な劣化以上に、住宅市場における経済的評価の劣化は厳格で
あり普遍的である。簡単に言ってしまえば、イエの効用に何らの問題はなくて
も、市場評価となると別であり、転売価格や担保評価を大きく減じてしまうの
が日本の住宅市場の現実である。そしてイエは、その高額性からしても、コス
ト・パフォーマンスには十分な検討を加えるべきと警告している。

　第Ⅱ部では、ヒトの生体的条件（年齢）とイエの権利関係（持家）、さらにそ
の地域（場所）と、3つの要素について類型的に整理しながら、イエの市場経
済価値を老後の生活費（年金）に転換するスキームについて論じている。ここ
で論及しているテーマの理論的基盤は、イエの市場評価（相場）と社会保障制
度の補完的制度となるリバースモーゲージ、さらに自助自衛的なイエの収益性

（稼ぎ）に集約されている。

　さらに本書では、長生きこそ、あまねく人々が希求してやまない僥倖である点に異を唱えるものではないが、延伸する老後の「住まいと暮らし」について、個々人も、自助自立、自己防衛的な取り組みが必要であると警鐘を鳴らしている。

1　住まいと税とサスティナビリティ

税制と空き家問題

　現行の相続税制は、空き家問題の火元となっている。相続税対策として有効な貸家建設ラッシュは、地域に新築アパート・貸家を確実に増やし、その分、空き家の需要を落としている。

　また、人口減少に備えたコンパクトシティと逆行する動きが日本各地に起きている。郊外のスプロールが止まらず、2005 年から 2015 年までの 10 年間で大阪市に匹敵するほどの面積の居住地域が拡大している。農地や丘陵地の宅地転換さえも条例で緩和する動きがみえる。そうした政策の含意とすれば住民確保にあるようだが、短視的であり空き家問題と整合しない点で誤った施策である。

　また所有者不明地の増加に政府は頭を痛めている。国土交通省によると、九州の面積より広い 410 万ヘクタールの土地が所有者不明の状態で、さらに2040（令和22）年には 720 万ヘクタールと北海道の面積に近づくものと予測されている。政府は登記など事務手続き上の対策を講じようとしているが、一定条件の下で国に権利を移すべきであり、宅地（空き地）であっても権利放棄に応じるべきである。まして空き家の建物を解体すれば宅地の固定資産税を 6 倍相当に戻すといった税制には明らかに問題がある。所有者に担税力がなくても課税負担させている固定資産税制は税法の応能負担原則にも違背する誤りであり、早急に改正すべきである。こうした一連の土地関連税制は、明らかに住宅ストックの流動性を削ぐ逆効果をもたらしている。

　住宅は不動産であり建造物ではあるのだが、その高額性ゆえにその流動性や

資産性は税制の直截的影響を被る資産であり、その周辺地域の社会経済環境が変化すれば、その地域の住宅市場は直接的、間接的に影響を受ける。すなわち住宅資産のサスティナビリティは、建物の構造的性能よりも地域の住宅の需給バランスが生殺与奪権を握っているからである。地方の中古住宅取引が不活発なのは買い手や住み手が乏しいからである。地方の教育や医療、商業施設や文化施設、また交通機能など生活インフラが不十分、あるいは未整備な地域ならば、若い世代はそこに長く住み続けられない。住宅市場の需要の安定的確保は、住まいの第三の価値効用と直截的に関係する要素であり、そのためには戦略的な税制や都市計画法なども必要になる。

　アメリカのカルフォルニア州（CA）では、既存住宅地に新築行為を規制している地域（zooning）がある。この規制によって、既存住宅の市場価格は保持されている。その地域に移り住みたい場合は、地域内の既存住宅を購入するしか選択肢がない。老朽化した既存住宅を購入して、大規模修繕工事を施し、高級住宅にリノベーションしている事例を取材したことがある。この地域では、新築を規制することで既存住宅の需要を護っている。結果として、住宅の平均価格は一定水準でキープされている。だから中古住宅取引件数の方が多い。そうした結果、地域の固定資産税収入も安定している。

　その真逆が日本の都市計画法であり、最近は建築行為ができる地域を周辺に拡大している。だから新築件数は増えていくし、空き家の数も増えていく道理である。

空き家リバースモーゲージ

　不動産担保型生活資金貸付（公的リバースモーゲージ）は、持家高齢者に、その家に住み続けることと同居人がいないことを要件として生活資金を融資し、死後一括返済とする仕組みである。リバースモーゲージには、地価の下落、金利の上昇、利用者の長命化と３つのリスクがある。担保となる地価が下落すれば融資額も下がり、金利が上昇しても同様に融資額は下がる。最近の日本のマイナス金利は僥倖だが、景気後退の浮揚策だけに地価下落も伴っている。地方の人口流出地域に居住する高齢者の持家の大半は公的リバースモーゲージの最低限度評価額を下回っている。また着実な長命化は融資期間の延伸となり担保割

れが懸念される。こうした背景はリバースモーゲージ普及の限界性を示唆する点である。さらに長命化に伴い認知症発症の問題が、リバースモーゲージの第四のリスクとして浮上している。単独で自立生活が困難な認知症を発症すると、在宅居住と非同居を要件とする公的リバースモーゲージが利用できなくなる。利用していたとしても老人施設への転居や介護のための家族の同居で融資は打ち切られて一括清算を迫られる。本義的には、持家を制度原資とする自助的な仕組みのリバースモーゲージは本来その居住福祉性は高く、その利用は生存権的必要性があるはずなのだが、その在宅医療介護促進政策との不整合性が大きな壁となって、その普及を阻んでいる。

　さらに持家高齢者が抱える次の問題として、持家の租税負担がある。高齢者世帯が老々介護や認々介護となってグループホームや特別養護老人ホーム（特養）などに入所させられるケースは一般的である。そうした事態では高齢者の持家は空き家となり、相続人がいなければ放置空き家になり、空き家対策措置法によって解体されたならば固定資産税は従来の6倍に引き戻される。現行の法律下では、物税である固定資産税は所有者の人的条件（年齢、担税力など）とは関係なく課税されている。要生活保護の持家高齢者の場合は不動産担保生活資金貸付（リバースモーゲージ）の利用で持家の租税負担は免除されるが、生活保護を受けない持家高齢者はその租税負担を免れない。政府や自治体は、生活困窮の高齢者の持家（空き家）、あるいは解体後の更地に限っては、相続・売却などで所有権が移転する時まで、固定資産税の延納・免除を認める措置「空き家リバースモーゲージ」を俎上に載せるべきである。[1]

消費増税対策に難あり

　政府は、2019年10月の消費税率10％への引き上げに伴う消費の下支え策として「プレミアム付き商品券」の発行、クルマの購入時の税の軽減、住宅の新築・増改築においては、住宅エコポイントや「住まいの給付金」の支給、さらに住宅ローンの減税措置を延伸した。

1）「私見卓見・空き家とリバースモーゲージ」日本経済新聞、2017（平成29）年2月2日付。

　今回の増税対策には、耐久消費財の住宅やクルマの買い控えを懸念する業界への配慮、そして GDP への忖度もみえる。だが、今回の住宅関連の増税対策では相変わらず新築優遇であり、空き家・空き地問題にもつながる中古住宅ストックの流動化を促す含意がみえない点で難がある。空き家・空き地の増加は全国的であり、相続放棄や所有者不明地も着実に増えている。この際、空き家・空き地対策として、応益税である固定資産税の減税・延税など、保有負担を軽減する直截的な措置を打ち出すべきである。

　このところ、日本には、単身・無職の高齢者世帯が着実に増えてきている。自立生活が困難な高齢者がケア付き施設に入所しようとしても、住んでいる住宅が売却できなくて、結局、入所を諦めているケースも少なくないと聞く。高齢者の持家が売却できない地域では、つまるところ“住まいを年金化”するリバースモーゲージは画餅に過ぎない。

　リバースモーゲージでは先駆的なアメリカの場合、住宅の評価が、その個別の単体的条件に基づいた価値効用の評価であって、築後年数に基づいた「新築」、あるいは「中古」とする平板な評価ではない。木造住宅の日米比較でも、構造面では日本家屋はまったく遜色ない。しかし住宅のメンテナンスの頻度やレベルとなると、日本はアメリカに大きく後れを取っている。今回の増税対策に、住宅のメンテナンスを促す政策も盛り込むべきである。日本の中古住宅の短命性は、本義的な価値効用の評価ではなくて、主として法制度上に基因している。日本で中古住宅ストックを売買取引する場合は、築後 20 年以上経過した建物は往々にしてゼロ評価とされている。したがってリバースモーゲージでも、高齢者の住まいの家屋は当初から評価しない（ゼロ）、土地だけの評価に基づいて融資額が算定されている。住宅ローン減税措置でも、まず築後年数が対象要件であり、木造住宅なら 20 年以内、耐火建築物なら 25 年以内と定めている。

　こうした住宅税制は、日本の住宅資産のサスティナビリティを著しく脆弱にし、さらに持家の保持管理のモチベーションまで削ぐ要因となっている。ことある度に新築優先の政策が打ち出されている背景には、1 つに日本人の“使い捨て・買い替え”の生活文化があり、いまひとつは金融機関やハウスメーカーにみられる新築優先の営業体制がある。しかし 2009 年から、高齢者向けのリ

バースモーゲージ型住宅ローン「リ・バース60」もスタートしている。そろそろ新築一辺倒も見直すべきときである。日本の住宅は世界一高額（所得倍率が高い）、世界一短命（40〜50年）とする資料は多く目にする。平均的家計にしたらやはり住宅取得は人生最大の投資であるだけにアフォーダブルな中古住宅ストックにも目を向けさせる好機である。この際、政府は、築後年数や床面積などで制限しない、中古住宅ストック向けの新しい減税措置を打ち出すべきときにある。

2　循環性が失われた社会経済は行き詰る

　最近の日本の気候変動は、かつて経験のない甚大な自然災害をもたらしている。その源を辿れば人間の果てしない環境破壊に行き着く。世界の国々が地球環境破壊をいさめ、各国に環境保護を義務付けている。世界の環境団体でつくるNGOが、地球温暖化対策の推進を阻害する国に皮肉を込めて贈る不名誉な「化石賞」がある。先のCOP25（第25回国連気候変動枠組み条約締約国会議）の期間中、日本は2回、化石賞を授与された。温暖化に歯止めがかからないとの危機感から世界では脱石炭の流れが決定的なのだが、日本は国益や企業利益を優先させて二酸化炭素を多く排出する石炭火力発電を推進している。その方向性を批判された受賞である。

　日本人のライフスタイルは自然界から大量の資源を取り出して使用し廃棄するという一方通行型の流れに依拠している。地球の資源には限りがあり、とくにこれからの世代のことを考慮すれば、一度使用した資源のリサイクル（再利用）は欠かせないはずである[2]。

　遺憾ながら、日本は、間違いなく、大量生産、大量消費、大量廃棄の社会経済である。すなわち、一方通行の社会経済であり、リユースやリサイクルなどの循環性や還元性は極めて乏しい、使い捨て文化、買い替え文化のワンウェイ・ライフスタイルが、日本人の暮らし方（生活）の主流である。全国的に空き家増加が止まらない現状が何よりもの証左といえる。循環性や還元性が機能

　2）大塚柳太郎他『人間生態学』東京大学出版会、2002年。

していない社会経済は例外なく行き詰る。

　本書で語る住宅の循環性の体現化とすれば、次世代に継承される相続（贈与）や第三者との売買取引が典型的である。また住宅取得資金が再び現金に還元される手法となると通常の売買契約とセール・リースバック契約であり、住宅の所有権移転の取引となる。リバースモーゲージの場合は、所有権は移転しないし居住の継続が条件となるのだが、やはり住宅の一部（土地）が現金化する作用では還元性の仕組みといえる。前者は住まいの現金化であり、後者は住まいの還元化であると区別することは間違いではない。

　「住まい」の「現金化」や「年金化」については、その市場価格（相場）が原資となり、とりもなおさず地域の住宅需要の多寡にも依拠している。住宅需要が乏しくても、供給の方がさらに微弱ならば、売買に限らず賃貸でも現金化の可能性は保持される。この先も若い世代の向都離村が続くとすれば、地方の住宅の循環性や還元性はさらに微弱化するばかりである。

　住宅の循環性とは、所有権の移転（相続を含む）を伴う住み手の交代であり、還元性とは所有権は移転しないまま現金化、あるいは収益化を指している。したがって「住まいの年金化」とは、「老後の持家の還元化」と同義である。持家の循環性が保持されるならば、その還元性も保全される理屈であり、持家のサスティナビリティともつながる。高齢者の持家を年金化するリバースモーゲージが日本に普及するために必要な要件とは、持家の安定的な循環性と確かな還元性である。中古住宅取引が活発化すれば持家の循環性も連動し、持家の還元性も保証される。しかし実家の相続放棄も増えている現状は、持家の循環性が脆弱であり、その還元性を具現化するリバースモーゲージには絶望的な逆風となっている。

　全国的な空き家の増加が社会問題になっているにもかかわらず、相変わらず新築の着工件数が増えている。消費増税の駆け込み行動もある。住宅市場は相変わらず新築優位の市場であり、中古住宅の取り扱いは二の次である。中古住宅を買い上げて、その土地にミニ住宅を複数建設するといった細分化の宅地開発が、最近は郊外ばかりか街中にも増えてきている。中古住宅の売買取引が、上物（家屋）の価格はゼロ、土地代だけの取引になっている。こうした"スクラップ＆ビルド"、換言するならば、イエまで使い捨ててしまう風潮が化石賞

の2回の受賞にもつながっている。遺憾な点だが、新築優遇の住宅税制や貸家建設が相続税の節税対策になる税制も、こうした風潮を助長する方向性を帯びていることは間違いない。

　戸建住宅と違ってマンションの場合は、その構造的な性能・機能・デザインと立地条件が資産価値を形成しているが、敷地利用権は区分所有権と分離処分できない。この土地の非処分性がネックとなって、日本のリバースモーゲージの大半がマンションを対象外としている。

　アメリカのリバースモーゲージがマンション（コンド）居住者も融資対象としているのは、その居住性能のサスティナビリティを評価し、そのための管理体制についても厳格に評価しているからである。アメリカでも、コンドのすべてがリバースモーゲージの対象になるわけではない。オーナーの入居率が過半数を超えないコンドは対象外となる。オーナーの入居率と管理費用の潤沢さが無関係ではない点、管理体制が居住性能のサスティナビリティと密接な関係にある点などを厳格に審査し評価しているからである。

　百歳社会になれば、都市も地方でも、高齢期は戸建住宅の個住からマンションに暮らす集住が増えてくる。マンションの居住者の永住意識について、国土交通省が発表した「平成30年度マンション総合調査」によると、まず分譲マンションの居住者の高齢化が進んでいる点、次に築40年以上のマンション居住者にこの傾向が顕著な点などが明らかである。今回の調査による永住意識の高さは過去最高であり、マンションを終の住処とする意識が高まってきている。

　厚生労働省のリバースモーゲージの場合ならば、固定資産税を課税されている家屋に対しては、少なくても課税評価額相当の担保評価をしないと法的観点からしても整合しない。この論拠からすれば、マンションも公的リバースモーゲージの対象とすべきと結論できる。

3　再燃するリバースモーゲージ待望論

　社会保障制度のセーフティネットと有望視されてきたリバースモーゲージは、遺憾なことだが、現在は氷河期にある。その論拠と目されるのが制度基盤の瓦解であり、制度リスクの深刻化である。日本の不動産市場の景況はモザイク状

であり、人口動向と一致している。全国的に地方の不動産価格は下落傾向にあり、その多くは回復が見込めない。したがって高齢者が居住している持家を返済原資に据えているリバースモーゲージは地方の高齢者世帯の困窮家計を支えることが構造的に難しい。さらに加えて、金融業界の構造的不況もある。体力のない金融機関は制度リスクが膨張しているリバースモーゲージ市場への参入には極めて消極的である。

　いま地方の信用金庫や銀行は大掛かりな経営体制の刷新を迫られている。たとえば、2019 年 1 月に浜松信用金庫と磐田信用金庫が合併して誕生した浜松いわた信用金庫（浜松市）の場合は、2021 年 3 月末をめどに 6 店舗を廃止し、統合や移転を含めると 20 店舗を再編成する。店舗設備を集約することで業務効率を改善し、人員など経営資源も再編する。こうした取り組みによって、年間約 3 億円弱の設備費を削減し、業務の効率化で 150 人ほどの再配置可能な人材を生み出そうとする目論見である。金融庁は、信金や地銀について、「人口減少が著しい地域に、現在の数の金融機関は必要ない。地域に必要な役割を明確に打ち出している金融機関だけが残ればいい」と考えている節がある。勢い、生き残りをかけて新しい地場産業の創出や事業承継など顧客の課題解決に向けた営業戦略に走る金融機関は少なくない。営業エリアが限定的な地方の金融機関に多くの選択肢はないのだが、しかし地域の高齢者世帯の「住まいと暮らし」に密着した営業戦略を謳っている金融機関の話は聞こえてこない。高齢者が、居住している家の修理修繕費や固定資産税・都市計画税の負担をサポートする金融商品の開発などに関心を寄せる金融機関は少ない。

　その中でも沼津信用金庫（静岡県沼津市、紅野正裕理事長）は、地域の高齢化に備えた信用度の高い法人後見の社会的必要性を確信して、2017（平成 29）年に「しんきん成年後見サポート沼津」を立ち上げた。都内の城南信用金庫に次いで 2 番目となる快挙であった。2018 年 6 月 11 日、沼津市内で、しんきん成年後見サポート沼津の社員総会が開かれた。その席上で業務担当者から、法定後見と任意後見の受任件数が前年度の 2 倍に達した旨、報告された。また沼信は、静岡家庭裁判所の意向を受けて、後見人による預金の使い込みを防ぎ確実に財産保全が図れる「後見支援預金」の商品設計にも取り組んだ。その口座数や預金残高は急増して、18 年度 1 年間で倍増の勢いである。現在、「後見支援預

金」は全国 14 都道府県の信金で扱われている。

　最近、耳にする国際的な取り組みとして「金融包摂」がある。「金融包摂」について、世界銀行グループの研究機関 CGAP（Consultative Group to Assist the Poor）は「すべての人々が、経済活動のチャンスを捉えるため、また経済的に不安定な状況を軽減するために必要とされる金融サービスにアクセスでき、またそれを利用できる状況」と定義している。途上国において特に問題視されている「金融包摂」ではあるが、超高齢社会の日本でも、退職後 30 年前後に及ぶ老後の経済的自立には、適切な「金融包摂」が必要条件となってくる。

　2019（令和元）年 6 月 6 日、黒田東彦日銀総裁は、G20「高齢化と金融包摂」ハイレベルシンポジウム（GPFI フォーラム）で講演した。その中で、「金融機関にとって、高齢者に対する新しいサービスは大きなビジネス・チャンスになり得る」と述べ、また「高齢者が取り残されることなく安心して金融サービスの恩恵を受けられる金融包摂が社会的課題になっている」とも語っている。また黒田総裁は、人生 100 年時代を迎えつつある中で「蓄えた金融資産を少しでも長持ちさせる知恵が必要になる」と述べて、長期にわたって資産を形成していく工夫が求められるほか、個人が保有する資産の寿命を伸ばす工夫も求められているとし、お金に関する知恵や金融リテラシーを習得することは自助的努力としても必要だと指摘している。

　前後するが、同年 6 月 3 日、金融庁の金融審議会は、人生 100 年時代に備えて、計画的な資産形成を促す報告書をまとめ、その中で「年金だけでは老後の資金を賄えず、95 歳まで生きるには夫婦で 2000 万円の蓄えが必要になる」との試算を示した。その試算では、年金収入が月額 20 万円として計算されているらしいが、この金額以下の世帯は少なくないはずである。延伸する老後に対して、物価の値上りや医療・介護の個人負担の上昇など、先行きの不安材料は枚挙に暇がない。

　改めて、持家高齢者世帯向けの「住まいと暮らし」の自立支援とも、社会保障制度のセーフティネットとも位置付けられる厚生労働省のリバースモーゲージの場合は、利用者要件のハードルを下げる方向の検討に入るべきである。日本人の着実な長命化が、担保割れリスクばかりか、老人病ともいわれる認知症や骨粗症などの罹病率を高めて自立生活能力の喪失リスクとなっている。こう

した複数の制度リスクの根底には、少子高齢社会の人口構造的な不均衡性がある。しかし政府が、リバースモーゲージを本気で普及させようと考えるならば、抜本的な制度改革を断行する必要がある。30 年前後にも及ぶ長き老後を、子どもと同居しない（できない）世帯が、物心共に自立した生活を続けようと考えるとき、まず居住している家屋の老朽化は放置できない問題となり、そのための資金も大きな負担となる。終身在宅を支えるリバースモーゲージは、持家を原資とした自助的な取り組みではあるが、公助なくしては存続できない居住福祉制度である。

　老後の経済的自立のための自助的選択とも評価すべき公的リバースモーゲージの利用を検討する場合でも、担保評価の下限や同居人の除外、あるいは推定相続人の不同意などがネックとなって断念する持家高齢者は少なくない。また本人の判断能力に問題ないケースであっても、推定相続人の同意を求める現行の公的リバースモーゲージ制度の仕組みには疑念を禁じ得ない。この際、居住している持家資産を、一定の要件の下、その所有権を定期所有権に変更できる措置が創設されたら相続争いも回避できるし、高齢者家計は居住の租税負担から解き放たれて直截的な資金的余裕がもたらされる。定期所有権ならば、所有することの利益以上に、使用することの収益性や便益性が評価されて、不動産の有効活用化と流動化にも資する効果が見込まれる。所有権について見直す必然性は、全国的な所有者不明地の増加が何よりもの証左となる。

　2017（平成 29）年 4 月、民法が 120 年ぶりに改正に動いた。遅きに失した感は拭えないが、これを機に、すでに実社会との乖離がみえる税法にも新たな視線を向けるべきである。

　最後に、本書が、人生 100 年時代を"健康で文化的かつ快適"に過ごすための啓蒙書となれば望外の喜びである。

お わ り に

　本書の特徴ともいえる点だが、老後の住まいと暮らしについて、学際的な視角と実践的な視点から、潜在化している問題点を抽出し明記した。さらに論点のすべてに時間的観念を通底させながら、ヒトとイエの時系列的変化と、その時間差から起こる問題点を取り上げて論究を試みた。

　まず、「住まい（持家）」の概念を見直すことから始めている。

　持家資産（イエ）の伝統的な概念を、３つの価値効用（居住空間、経済価値、地域環境）に分解し、それぞれの連関性について考えをめぐらすことで、改めて気付くことが多々ある。さらに、その３つに通底している絶対的条件となるのが、「時間（タイム）」の経過である。

　本書では、ヒトとイエの関係に生じる時間差（寿命差）が惹起させている新しい問題に視線を向けている。ヒトとイエの平均的寿命（タイム）を、ヒト84歳、イエ45年とすると、その寿命差のタイミングを計ることは簡単なことではない。最後まで、同じイエ（場所）で、自立生活を継続することの難しさに気付くことになる。

　最近、60代から利用できる住宅ローン「リ・バース60」が扱われている。その利用件数が着実に伸びている背景には、ヒトとイエの時間差の拡大がみえる。さて、「リ・バース60」の利用者が80代になったとき、リバースモーゲージにそのままリンクできる仕組みが存在していたら、イエは老後のセーフティネットとして予定できる。

　リバースモーゲージとは、死後一括返済方式ローンの総称であり、資産形成の住宅ローンとは逆向きの資産流動化ローンである。高齢期の持家率が高い日本人にとって、リバースモーゲージは老後の家計を支える自助的な取り組みとしては魅力的なのだが、その利用件数は極めて少ない。

　読者は、本書を一瞥したとき、リバースモーゲージへの否定的な論述に戸惑ったに違いない。しかし読み進めていくうちに、リバースモーゲージの合理的で自助自立的な仕組みを高く評価しながら、さらに普及できない制度上の隘

路を探り、制度改革の方向性を示している論考にも辿り着けたはずである。

　リバースモーゲージは、一言で言ってしまえば不動産担保融資である。断るまでもないが、地価下落が止まらない地方の持家高齢者には画餅でしかない。極言するならば、地方に居住する困窮家計の持家高齢者世帯が利用できないリバースモーゲージならば形骸化しても不思議ではない。

　本書では、イエで現金を稼げる（収益化）方法を住まいの年金化プランとしていくつか挙げている。同時に、イエのコスト・パフォーマンスにも現代的視線を当てるべきと苦言も呈している。持家は、世帯の移動には足枷となるケースも少なくない。しかし、アフォーダブルなイエならば手離れがいい。そうした視点も必要である。

　日本人のイエは、極端にいうならば70代に入ったら自治体が買い上げてほしい。その代金を持ってシニア・コミュニティに移り住む。そう考える人は少なくないはずである。現金収入のない持家高齢者は、その租税負担だけでも苦しいし、イエの現金化が難しいからである。

　読者は、本書を読み進めるうちに、いつの間にか迷路に入り込んでしまい、出口に辿り着けないもどかしさも感じたはずである。そこで著者は、読者に出口の方向を、次のように伝えたい。

　ヒトが、長き時間を経てターミナルを見定めようとするとき、「個住」から「共住」への移住を勧め、さらに「協住の家」を目指すようにも勧めている。時間の経過が、ヒトの自立生活能力も減耗させてしまうからである。自助から互助、そして協助の生活環境（コミュニティ）に移り住む選択も検討してほしい。

　当推進機構が推奨している「協住の家」とは、疑似家族と協住する生活モデル（Co-operative living as a family）であり、自給自足型の自立生活協同体として、百歳社会の日本の次の生活モデルとなる機運を感じている。

コロナ禍の後

　世界的規模で同時多発的に蔓延する新型コロナウイルス感染が日本で報じられたのは今年1月であったから、本書には新型コロナウイルス感染の影響についての論述はない。

　コロナ感染リスクは、日本の島嶼性の社会経済に想定外の波紋を拡散させた。

コロナ感染リスクは、すべてのヒトの移動を遮断し、モノの流通を滞らせて、都市集結型システムを一夜にして地方分散型へと大きく舵を切らせた。

　コロナ感染リスクの影響は、職場と住居との往復や勤務形態にまで及び、終息後もこれまでの市民生活に新たな常態として定着する気配がある。企業は、その経営存続の防衛的戦略として、急遽、在宅勤務を容認し、さらに常態化の検討に踏み込んでいる。

　オランダとフィンランドは、労働者が自宅を含む好きな場所での勤務を要求できる「在宅勤務権」を法制化した。在宅勤務権の法制化は、まず、職住一体化によって現役世代参加型の地域環境を生み出す、社会全体のノーマライゼーションを進化させる、QOLの改善にも資する等々、地域にもたらす社会福祉的効果は計り知れない。生命を脅かすウイルス感染リスクが、図らずももたらした副産物ともいうべき展開となる。気掛かりな点は、日本でも、欧州の在宅勤務権の法制化が始まるかどうかである。

　この先、日本の企業に在宅勤務が常態化するならば、大都市圏と地方圏の間に顕在化している様々な格差のうちのいくつかは、軽減、あるいは解消する。まず、国内の人口分布に顕著な過疎と過密のフラット化が始まる。これまで、都会で働く世帯の多くが職場近住の必要性から、核家族化と過大な住宅投資を強いられてきた。しかし在宅勤務が常態化すれば、地方と大都市にまたがる在宅・通勤ハイブリッド型勤務体系が当たり前になり、大都市から地方へ若い世代の移住が起きる。

　となれば、地方の地価下落も止まる、空き家の需要も安定化する。個住・弧住の世帯数が減って3世代同居世帯数が増えてくる。地方の金融機関もリバースモーゲージを扱い始める。

　しかしながら、コロナ感染リスクが起爆剤となって始まったうねりは、これまでの時系列的推移を巻き戻す方向には働かない。時間を取り戻すことなど不可能だからである。しかし、ここからの日本の社会経済に新しい波動が生まれるきっかけにはなった。欧米社会のようにノーマライゼーションを包摂したシェア・コミュニティやシニア・コミュニティなど、新しいライフスタイルの萌芽も始まる。

　本書は特定非営利活動法人リバースモーゲージ推進機構の研究成果やセミ

ナー資料などをまとめて、専門書とはしないで、一般読者向けの教養書（啓蒙書）となるような構成を心掛けた。

　本書の目論見にご賛同賜り、その刊行を快く引き受けて頂いた晃洋書房の西村喜夫氏には感謝の言葉もない。また編集を担当された山本博子さんには、草稿への助言、図表作成、資料の整理等々、大変お世話になったことに心から感謝している。

　また同社とのご縁を結んでくれた戸田隆之氏にも厚くお礼申し上げたい。

　当推進機構の山下欽司理事には、創設当時から深いご理解と多大なご支援を賜ってきた。また今回の刊行に際しても物心両面にわたるご厚情を賜り、改めて深甚なる感謝の意を表したい。

　最後に、本書が、「住まいの年金化」の入門書として、多くの読者に届くことを切望して止まない。

　　令和2年9月

　　　　　　　　　特定非営利活動法人リバースモーゲージ推進機構

　　　　　　　　　　　　　　理事長　倉　田　　　剛

巻 末 資 料

■特定非営利活動法人リバースモーゲージ推進機構

・内閣府認可　　府市第 1 号、平成 24 年 1 月 25 日

・法人設立　　　2012（平成 24）年 2 月 8 日

・主たる事務所　東京都台東区浅草六丁目 32 番 8 号

・従たる事務所　静岡県沼津市岡宮 1354 番地の 1

・理事長　　　　倉田　剛

・目的等

　　この法人は、広く一般市民を対象にした、高齢期の "健康で文化的な生活" を維持するために必要な家計の経済的自立を支援する「不動産（持家）担保型生活資金交換システム（民間制度リバースモーゲージ）」に関する研究開発に取り組み、またその啓蒙活動（出版・講演・研修）を以って福祉社会の達成に寄与することを目的とする。

　　この法人は、上記の目的を達成するため、次に掲げる種類の特定非営利活動を行う。

　　(1) 保健、医療または福祉の増進を図る活動

　　(2) 上記の活動を行う団体の運営・活動に関する連絡・助言・援助の活動

　　この法人は、上記の目的を達成するため、次の特定非営利活動に係る事業を行う。

　　① 民間制度リバースモーゲージに関する研究開発事業

　　② 民間制度リバースモーゲージの啓蒙（出版・講演・研修）事業

・連絡先

　　東京事務所　TEL 03-5962-8550

　　静岡事務所　TEL 055-941-5455　FAX 055-941-5452

　　URL　www.rmpi.jp

参考文献資料

邦文

荒木哲郎・青木丈『個人情報保護のマイナンバー』ぎょうせい、2019 年。

石川秀樹『成年後見より家族信託』ミーツ出版、2019 年。

祝迫得夫他「日本の家計ポートフォリオ選択——居住用不動産が株式保有に及ぼす影響」
　　『経済研究』66 巻 3 号、2015 年、242-264 頁。

上山仁恵「リバースモーゲージに関する調査結果」2016 年。

大塚柳太郎他『人間生態学』東京大学出版会、2002 年。

木内清章『商事信託の組織と法理』信山社、2014 年。

倉田剛『リバースモーゲージと住宅——高齢期の経済的自立』日本評論社、2002 年。

———『団塊世代とリバースモーゲージ——「住み替え」とライフスタイル』住宅新報、
　　2006 年。

———『持家資産の転換システム——リバースモーゲージ制度の福祉的効用』法政大学
　　出版局、2007 年。

———『少子高齢社会のライフスタイルと住宅——持家資産の福祉的選択』ミネルヴァ
　　書房、2004 年。

———『リバースモーゲージ・システムの多元的活用に関する研究』愛知工業大学、
　　2008 年。

———『居住福祉をデザインする——民間制度リバースモーゲージの可能性』ミネル
　　ヴァ書房、2012 年。

———「私見卓見・空き家とリバースモーゲージ」日本経済新聞、2005（平成 17）年
　　2 月 2 日。

黒川功・北野弘久『税法学原論　第 8 版』勁草書房、2020 年。

黒田純子『ノーモアジャパニーズスタイル』致知出版社、1994 年。

ケーガン，シェリー『DEATH 死とは何か』柴田裕之訳、文響社、2018 年。

高橋愛子『老後破産で住む家がなくなる！　あなたは大丈夫？』日興企画、2019 年。

田中恒annotations『住まいを見直す』大月書店、1984 年。

中田裕子「リバースモーゲージ」（第 4 章第 2 節）、樋口範雄・関ふ佐子編『高齢者法——
　　長寿社会の法の基礎』東京大学出版会、2019 年。

中谷庄一『リバースモーゲージ』神戸新聞社総合出版センター、2017 年。

樋口範雄『フィデュシャリー［信認］の時代』有斐閣、1999 年。

ホリオカ，チャールズ・ユウジ・濱田浩児『日米家計の貯蓄行動』日本評論社、1998 年。

モーパッサン『酒樽』岩波書店〔岩波文庫〕、1950 年。

モレッティ，エンリコ『年収は「住むところ」で決まる』安田洋祐解説・池田千秋訳、プレジデント社、2014 年。

ホフマン，エヴァ『時間』早川敦子監訳、みすず書房、2020 年。

欧文

E. F. Schmacher, *Small is Beautiful*, VINTAGE, 1973.

Huitquist, Dan, *Understanding REVERSE2020*, Kindle Direct Publishing, 2020.

Sarah, Susanka, *DREATING NOT SO BIG HOUSE*, Taunton, 2000.

Shay, Salomon, *LITTLE HOUSE ON A SMALL PLANET*, LYONS PRESS, 2010.

Weir, Sam & Weir, Mary, *How We Made A Million Dollars Recycling Great Old Houses*, NTC/Conteporary Publishing, 1979.

その他の資料

オリックス銀行「家族信託付不動産活用ローン」（https://www.orixbank.co.jp/news/detail/20200423_564.html）。

金融広報中央委員会「家計の金融行動に関する世論調査」2019 年。

金融庁・金融審議会　市場ワーキング・グループ報告書「高齢社会における資産形成・管理」。

厚生労働省「平成 21 年度「不慮の事故死亡統計」の概況」。

―――「生活福祉資金（要保護世帯向け不動産担保型生活資金）貸付制度の運営について」平成 21 年 7 月 28 日。

国土交通省「2016 年建築着工統計調査（新設住宅着工戸数、住宅価格の年収倍率）」。

―――2016 年『住宅経済データ集』。

―――「平成 30 年度住宅市場動向調査――調査結果の概要」2018 年度。

―――「平成 30 年度マンション総合調査結果（とりまとめ）」。

―――「高齢者等の土地・住宅資産の有効活用に関する研究『国土交通政策研究』第 104 号、2012 年。

―――「高齢化と金融包摂」ハイレベルシンポジウム（GPFI フォーラム）。

―――家計相談研修資料「生活福祉資金制度の概要」平成 28 年 12 月 19 日。

最高裁判所事務総局家庭局「後見制度支援信託の利用状況等について――平成 27 年 1 月～12 月」。

―――「成年後見関係事件の概況――平成 31 年 1 月～令和元年 12 月」。

静岡県労働金庫「ろうきんリバースモーゲージ」（https://shizuoka.rokin.or.jp/kariru/mortgage/）。

社会福祉法人全国社会福祉協議会「これからの生活福祉資金貸付事業のあり方に関する検

討委員会」報告書、2019（平成 31）年 3 月（https://www.shakyo.or.jp/tsuite/jigyo/research/20190405_shikin.html）。

住宅金融支援機構「2019 年 11 月「リ・バース 60」の利用実績等について（2019 年 7 月〜9 月分）」。

全米住宅建設協会（NAHB；National Association Home Builders）Appeal of McMansions shrinks nationwide September 02, 2016（https://www.shakyo.or.jp/tsuite/jigyo/research/20190405_shikin.html）。

全米リバース・モーゲージ・レンダーズ・アソシエーション（NRMLA；National Reverse Mortgage Lenders Association）HECM 関係資料（https://www.nrmlaonline.org/）。

総務省「国勢調査」資料（2005〜2010 年間の住居移動率）。

―――――「2016 年度住民基本台帳人口移動報告」。

―――――「平成 26 年全国消費実態調査」。

―――――「人口推計」2017 年 9 月発表。

―――――「生活保護に関する実態調査結果報告書」平成 26 年 8 月。

東京スター銀行「充実人生」（https://www.tokyostarbank.co.jp/products/loan/homeloan_jyujitsu/）。

内閣府「平成 30 年版高齢社会白書」。

2016 年度 HECM 利用件数（ニッセイ基礎研究所）。

日本銀行「生活式に関する意識調査」2017 年 3 月。

三菱 UFJ 銀行「ゆとりの約束」（https://www.tr.mufg.jp/loan/yutori/index.html）。

明治安田生命「子育てに関するアンケート調査」2019 年 10 月。

《著者紹介》

倉田　剛　Kurata Tsuyoshi

　東京生まれ
　特定非営利活動法人リバースモーゲージ推進機構・理事長
　住宅資産研究所・所長
　一級建築士、経営学博士（法政大学）、経営情報科学博士（愛知工業大学）

著書・投稿
■単著
『リバースモーゲージと住宅──高齢期の経済的自立』日本評論社、2004 年
『少子高齢社会のライフスタイルと住宅──持家資産の福祉的選択』ミネルヴァ書房、
　　2004 年
『団塊世代とリバースモーゲージ──「住み替え」とライフスタイル』住宅新報社、
　　2006 年
『持家資産の転換システム──リバースモーゲージ制度の福祉的効用』法政大学出版局、
　　2007 年
『リバースモーゲージ・システムの多元的活用に関する研究』愛知工業大学、2008 年
『居住福祉をデザインする──民間制度リバースモーゲージの可能性』ミネルヴァ書房、
　　2012 年
■投稿
シリーズ「成熟社会の住宅資産論」『不動産鑑定』2010 年 11 月〜11 年 9 月号、住宅新
　　報社
　・住み替え需要とマンションの資産価値──リバースモーゲージが支えるサスティナ
　　ビリティ、2010 年 11 月号
　・第三の家族と住むコハウジング（1）──「協住」の資産性を探る、2010 年 12 月
　　号
　・第三の家族と住むコハウジング（2）──「協住」の価値を探る、2011 年 1 月号
　・成熟社会のリバーシブル・ローン──その経済的合理性と居住福祉的効用、2011
　　年 2 月号
　・生涯型福祉コミュニティの形象──循環社会を牽引する次世代型居住モデル、2011
　　年 3 月号
　・不動産型終身年金契約──「ビアジェ」から学ぶ持家の価値・効用、2011 年 4 月
　　号
　・サスティナブルな居住の要件──東日本大震災から学ぶ教訓、2011 年 5 月号
　・カナダの人口動態と中古住宅市場──循環性需要と住宅資産、2011 年 6 月号
　・アフォーダブル住宅の社会的価値──低エネルギー社会の小住宅「25 年住宅」の
　　構想、2011 年 7 月号
　・居住文化のサバイバル──低エネルギー社会の「小住宅」、2011 年 8 月号
　・持家の権利転換と価値・効用──所有権の権利転換を探る、2011 年 9 月号

事例で読み解く

住まいを年金化する方法
——日本のリバースモーゲージ——

2021 年 2 月 10 日　初版第 1 刷発行	＊定価はカバーに 表示してあります	

著　者　　倉　田　　　剛 ©

発行者　　萩　原　淳　平

印刷者　　田　中　雅　博

発行所　株式会社　晃　洋　書　房

〒615-0026　京都市右京区西院北矢掛町 7 番地
電　話　075(312)0788番(代)
振替口座　01040-6-32280

装丁　野田和浩　　　　印刷・製本　創栄図書印刷㈱

ISBN978-4-7710-3406-8